撫平傷害的修行者

我跟隨菩薩，幫人處理意外與病痛果報的修行人生

劉偉中 著

晨星出版

目錄

序

感謝各位親朋好友的支持，自從上次《跟隨菩薩的修行者》出版後，歷經一年半載，我出版了第二本書《撫平傷害的修行者》。這本書與第一本不同之處，是我希望本書不僅能分享故事，也能分享一些身邊神明的介紹，或地獄的介紹，讓大家知道神明平常如何照顧我們、觀察因果，以及我們如果為非作歹，我們將面臨怎樣的懲罰。

這次編輯不僅幫我協助整理稿件、潤稿，也和我討論如何讓本書有更好的呈現方式，最後是使用城隍廟拍到的圖片，輔以網路能搜尋到的示意圖，讓讀者在看到圖片時，更能想像地獄的呈現方式。

我之所以會撰寫本書，原因和第一本書一樣，是因為菩薩希望我能分享這些故事，讓大家領悟佛法。這次分享的故事，不只同樣有當事人的累積因果，以及人與自然的互動，同時我也分享器官移植、血液輸送的案例，讓大家知道，有時因果的糾纏往往意想不到，而我們能做的就是心存善念，多做善舉，累積福田，才能在遇到類似事情時有能力應對。

我在本書中寫到，我在四歲時便與城隍爺爺結緣，走向修行者的道路。也希望透過這本書，能與翻開本書的你結緣，讓大家一同建立更好的緣分，走向正面的道路。

一、趣聞與自身經歷

超感應力找鑰匙趣聞

這件事情發生在幾年前的一個晚上。當晚，我約了一名客戶到佛堂問事，辦完他的事情之後，我因與其他人有約，所以先行離開佛堂外出，業主則留在佛堂和留守的工作人員聊天。

我外出一個半小時後，突然接到來電，是剛才在佛堂問事的業主，他說：「我找不到我的汽車鑰匙，我已經在佛堂找了一個半小時，還是找不到。」

他開的是德製進口車，一副鑰匙要價六、七萬元，原本一部車是配備兩副鑰匙，之前已經遺失了一副，若是再丟失僅有的這副，那他損失就大了！麻煩的是，一般鑰匙店的師傅並沒有開啟這種車鎖的功夫，所以需要請我幫忙找一下鑰匙。

還好我外出的地方距離佛堂並沒有很遠，而且在那當下，另一位客戶的事情也正好處理完畢，於是我立即趕回去。一進入佛堂，就看見業主和留守人員都滿頭大汗，一臉憂慮。

我請業主坐下來後，說：「請你回憶一下，你停好車子後，一直到走入佛堂的這段時間裡，將全部過程、細節都仔細告訴我一遍。」

業主向我詳述，但依然想不起來鑰匙為什麼會不見了。

我靜下心來，開始冥想，審視他來佛堂的整個過程，終於讓我找到了端倪。

進佛堂需要脫鞋，所以他先在門口板凳坐下脫鞋。然而他坐下時，沒注意到手上的車鑰匙掉在地上，要脫鞋時，腳又不經意把掉在地上的鑰匙踢進玄關茶桌基座的底縫，而且鑰匙是以類似籃球的擦板球方式，經牆壁縫隙彈到茶桌基座後方，從上方及外面看，茶桌基座的正面是無沒空隙可以進入的，也難怪遍尋不著。

我拿給他一枝小木桿，說：「到外面茶桌底下看看。」

他用木桿撥弄茶桌後方底部兩三次後，終於找到了車鑰匙，回來找我，驚訝地問：「我無意間把自己的車鑰匙踢進茶桌的底座，根本就不知道發生的過程，為什麼老師你可以清楚還原整個過程，還找到原因？」

我笑了笑，告訴他：「這是菩薩教給我『超感應力』的奧妙。但是要使用這種能力，必須是用在無私地幫助他人才可以。」

客人立即從口袋拿出現金要答謝，我立刻拒絕，並回覆他：「舉手之勞，不足為提。幫忙是應該的。」

「感謝老師。」他很高興地離開了佛堂。

世上修行法門功夫不勝枚舉，其存在的意義與價值，並不僅在它的外相與目的，最重要的應該是使用當下的立意與原則。倘若用在違法犯紀，滿足私慾，那麼持有再厲害的法門，只會蠱惑人心，引發貪婪，並造成動亂，這樣的法門沒有存在的必要！

只有幫助有緣人，於關鍵時刻救贖他人，法門才有實質存在的價值，你們同意這樣的理念嗎？

我的某世記憶：河南貧子成爲僧人

那一世，我出生在河南商丘郊區一戶貧窮的人家裡，上有年邁的爺爺奶奶，父母親還生了四個孩子，我是家中老么，上有兩個哥哥和一個姊姊。

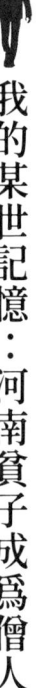

因為世代貧困，所以我們家沒有自己的田地，都是靠租借農地耕作，也就是所謂的佃農。每到糧食收成的時候，地主都會準時來到田裡收租，扣除掉租金之後，剩下來的收入通常已經寥寥無幾，且爺爺奶奶年紀大又常常生病，還必須在所剩無幾的收入中挪出醫藥費，於是我們孩子從小就必須幫鄰居打理農作雜物，來換取少量的糧食或工作津貼，或是跑到河邊、荒地，挖掘野薯、野菜，貼補家中經濟與糧食不足的窘境，家中每天只能吃一餐，所能吃到的糧食，只有雜糧碎末磨成麵粉後揉製成麵皮，烙乾麵皮，配著麵糊水，就是我們一天的唯一一餐。偶爾連這一餐也沒得吃時，就只能喝水來壓制飢餓。

當我們孩子慢慢長大時，食量增加，家中糧食消耗更快。最後，父母親不得不做決定，把我們四個孩子當中的兩個安排送人。最後被選上的，是二哥和我。

父母把二哥賣給省城裡的一戶富裕人家，當終身的家僕，換取一些微薄的賣身錢來貼補家用。我則是被父親送到渡河口附近的一間白雲禪寺去做小沙彌。

記得被父親送去白雲禪寺的那年，是自己剛滿四歲的時候。

在寒冷冬季的某天清晨，母親很早就叫我起床梳洗，然後她端給我一碗熱騰騰的雜糧粥，由於家中經濟不好，母親很久沒煮這樣奢侈的料理了。在這樣寒風刺骨的隆冬時節，在肚子挨餓的時刻，這碗熱呼呼的粥是無上的人間美味。我很珍惜地細細咀嚼、吞嚥，享受一絲絲雜糧粥融化在口中的香味，感受那份奢侈，想著，如果份量可以再多一點就更好了。

喝完了粥，母親要我穿著暖和一點，帶著簡便的行李到門口去，父親已經站在那裡等我。

我向母親辭行後，便不再回頭再看看家和母親的模樣，因為我會不忍看到媽媽淚流滿面地站在門口看著我，我也不願意讓媽媽看到我難過的樣子。

當時我想著，不知道這次別離之後，未來何年何月何日有再一次相見的機會？還有機會再一次踏進這個家門嗎？

我出家門後，天氣冷到感覺不出冷熱，我隨著父親引領，緊跟在父親的背後，彎腰壓低頭，頂著風雪往前走。我意識模糊，跟隨著父親的背影，走了幾個小時後，當風雪稍微變小了一點時，我們終於來到了白雲禪寺。

禪寺的大門口出現兩位僧人迎接我們，一位年紀較老，另一位是很年輕的沙彌哥哥，他們很高興地迎接我們，帶我們進入禪寺的會客房，然後老者要沙彌哥哥帶著我去參觀佛寺，他則留下來和父親長談。

沙彌哥哥帶著我去休息的禪房，要我試穿床上放著的修行衣服和鞋子，看是否合身，穿好後再把原來身上的舊衣物摺好，收起來放入置物櫃。

這時，寺裡的鐘聲響起，提醒午膳的時間到了，要寺裡所有的人都到食堂去用餐。佛寺一天只供應一頓中餐，之後就嚴禁再進食。

沙彌哥哥帶著我到食堂，找了個位置坐下來，陸續看見進來了好幾位出家師父，供餐的師父把桌上的空碗都盛入熱呼呼的雜糧粥，桌上還有一盤雜糧窩窩頭與一小盤豆腐乳。

我嚥了一下口水，心想：「為什麼禪寺裡吃的比家裡還要好？」我早已經記不得家裡有哪時候曾吃過窩窩頭和這麼濃郁的雜糧粥了，再加上美味可口的豆腐乳，頓時讓我整個人沉溺在美食的幻想當中。

沙彌哥哥輕拍了我一下，要我趕快吃飯，我突然想到，父親怎麼沒有跟我一起吃飯？看了一下食堂的四周，都沒有見到父親的身影，沙彌哥哥才告訴我：「你父親已經先行離開了，你趕快吃飯，等一下我們還有許多事情要做。」

我頓時難過起來，勉強吃了一點後就吃不下去。沙彌哥哥說：「把碗裡剩下來的粥喝完，然後把沒吃完的窩窩頭放入口袋裡帶走，若肚子餓的時候再拿出來吃。」然後帶著我拿起碗筷，跟著他去水池旁的水桶，洗淨碗筷後再放回自己吃飯的桌子上。

我再回到禪房時，看到了迎接我的老者。他站在我的床邊，跟我說：「我是白雲禪寺的住持方丈，從今天起，你就要住在這裡，跟著大家一起好好學習修行。如果有什麼需要幫忙，就找沙彌哥哥或是其他的師傅，他們都會協助你的！」

我點點頭。他繼續說：「不要罣礙家中的事情，你在寺中修行，菩薩會保佑你們所有的家人平安無虞，不要浪費上天給你這次的機會，更不要辜負親人們對你的期望！」

我看著住持方丈點點頭，他拍拍我的頭，然後就轉身離開了禪房。

我走近了禪房的窗戶，看著窗外的風雪，眼前景象突然間模糊起來，心酸無奈湧現，我體會到這就是我自己的命運。

剃度出家，返鄉探親

有一天，住持師父告訴我一個日期，要我準備好正式剃度出家，皈依佛門，成為佛法的修行者。

轉眼間，我已經在白雲寺渡過了十二個年頭，這些年，我一直沒有機會告假返鄉，家人也不曾來探望過我，於是我向住持方丈告假，希望回家探望一下家人，而方丈同意了請求。

兩天後，我帶著簡單的行李啟程返鄉。

沿路上，我一直期盼很快可以看見家人，所以不自覺加快腳步。經過幾個小時的跋涉後，故鄉逐漸出現在我的眼前，我順著曾經熟悉的小徑，轉進位於河邊的舊家。

但原本的家不見了，只剩長滿農作物的無盡田野。

我慌張地四處找尋，卻完全看不到家的蹤影，於是往外走了很長一段路，才發現有戶人家，向他們請教：「請問原本住在河邊的那戶人家，他們搬去那裡了？」

他們告訴我：「十年前，那戶人家突然不知去向，沒有人知道他們到底去了那裡，後來地主才把原本搭建的農舍拆除，將土地拿來耕作。」

我心中茫然無措，拖著沉重的腳步，緩緩回到寺裡，把這個情況告訴了方丈，請認識的信眾與朋友代為打聽家人的消息。

只是時間飛逝，我一直都完全沒有家中任何的訊息。我決定把對家人的思念之情化為力量，用修行來淡化心中的憂慮。

元空寺之旅與托缽修練

有一次，寺院進行相互觀摩學習的活動，白雲寺應邀到甘肅的元空寺，住持方丈指定了八位弟子隨行學習，我也幸運成為其中一員。這次的遊學觀摩，由寺裡出發到甘肅元空寺，全程一千多公里，所有參加的人都必須參與托缽祈福，並且就地就寢，不可借宿民宅，而照顧馬匹和行李的人則每天輪調，讓每個人都有機會參與。

我們按照約定的時間出發了。第一天出寺門後，每天的行程如下：所有參與托缽的人邊走邊誦經到辰時結束（早上七點至九點），然後在巳時（早上九點至十一點）

開始一邊前進，一邊沿途托鉢祈福至午時結束，分配食物就地午膳，飯後整理現地，接著開始啟程。

就這樣歷經三個月，我們來到了甘肅的元空寺。雖然它只是沙漠中微不足道的一座小小佛寺，卻是世界各地高乘修行者心中的一葉方舟。元空寺的住持方丈帶領寺內所有的修行僧侶，迎接我們的到來，我們開始了為期一個月的互相觀摩學習。

觀摩學習結束後，我請求方丈讓我於回程路上再次感受托鉢祈福的機會，他叫當初迎接我入寺的沙彌哥哥陪同我相互照應——沙彌哥哥現在已經是法師了。

由於我已經有了三個月的托鉢經驗，加上回程時只有我和師兄二人，沒有心理上的壓力，所以我們完全遵照方丈教授的法門，並用心去體會每次托鉢的感受。

我的師父住持方丈是一位累世佛法的修行者，他告訴我，一般修行者修行的重點方式都是放在個人自我的部分，而托鉢祈福卻是以隨緣方式，契合他人心念的一種修行，符合自助、人助、天助的道理。他說：

1. 我們托鉢祈福前，要先梳洗，整理外表服儀，以示尊重修行、敬重他人。
2. 我們必須放下自我的驕傲與慢心，將有緣的佈施大眾皆視為具有慈悲、善良與愛心，如同佛祖菩薩一樣的尊乘。

3. 透過托缽祈福，深切感受他人的身上所接收到的訊息，來提醒、了解我們自己哪裡需要修正、調整與改進。

4. 不被世俗無明框架的束縛，堅持正確的理念和行為準則。

5. 平等對待給予所有有緣施行慈悲佈施的眾生，讓他們有一樣的機會做同樣的功德，無分貴賤，一視同仁。

6. 托缽祈福修行其實就是體現所有內在修為的極致，修為既不在外在的表象，也不在話語口述當中，只是隱隱展現在修行者自己心中淡淡的體悟。

觀摩學習結束後，住持方丈找我深談。在寺院房間中，他問我：「你有意願參與住持方丈的甄選嗎？」

我搖頭拒絕了。

他問：「為什麼？」

我告訴師父：「我並沒有興趣擔任住持方丈這個職位，這也不是我修行想要追求的目標，我所想要的，只是藉由學習不同的修行方式來達到覺悟自己的境界，也希望師父同意我從明年起離開寺裡，開始徒步萬里，在不同的地域接觸不同的人、不同的事物，有不一樣的感受和體會，去真正找到自己修行最終的依皈。」

師父低頭不語，思索一下後，點頭同意了。

接下來，我安排和準備完畢一個月之後，我拜別了師父及所有的師兄弟，正式啟程，開始了自己萬里修行的旅程。

萬里修行，與家人重會

接下來十年，我每天的行程就是依照預先的規劃，誦經、托缽祈福、渡化人心，十年來完全沒有改變。在第十年的一天傍晚，我來到西安古城，在北城門旁稍坐休息，此時，我不經意抬頭，看見一位女士帶著女兒從我面前走過，她也回頭看了我一眼，在目光交會重疊的那一剎那，我忽然有種莫名的熟悉感。她似乎也有同樣的感覺。然而她並沒有停下腳步，匆忙地帶著孩子逐漸遠離了我的視線，而我依舊盤坐在原地，喝了一口水，然後閉目養神，不自覺入定了。

這時，我突然回想起小時候的景象，我看見了姊姊出現在面前，但景象稍縱即逝。我放下思緒，養精蓄銳，等待迎接明天的旅程。

就在我預定要離開西安城的前一天，在托缽祈福的過程中，又巧遇到了那位女士，這次僅有她一個人。我主動上前向她托缽，她看到我的瞬間愣住了，我們面對面凝視彼此，靜默了好一會兒，我想，她還記得自己有一個最小的弟弟被送到佛寺修行，而現在我的年紀與么弟相彷，面容又似曾經相識。

這時，我們兩人不約而同流下了眼淚，她真的就是我失散多年的親生姊姊。我們緊緊擁抱彼此，深怕又會突然被拆散了，又想補上曾經失去的空白。

姊姊把家中的巨變情況告訴我：「那時，因為父親想改善家中經濟情況，一時不察被友人欺騙，讓自己背負了巨額債務，他擔心債主追上門，為了不殃及無辜，連夜把我托孤給遠房親戚收養，爸媽、爺爺奶奶及大哥則留在家中，卻遭到債主逼債不成，痛下毒手，把他們全部殺害了。甚至連擔任長工的二哥也被波及，之後也被殺害，所以全家僅剩下我們姊弟了。」

她望向一旁，說：「還好幾年前，我經媒妁之言，下嫁到西安後，現在育有一男一女，生活幸福。」

她轉頭看向我，問：「你不是在白雲禪寺修行嗎？為什麼會在西安城遇見你？」

我告訴她：「因為我在修持法門，所以必須四處遊走，托缽修行。我已經出寺弘法修行超過十年了，需要再經十年才可以完成修持，屆時才會返回禪寺。請你留下住址，待修持圓滿回程之時，我再前往府上登門拜訪。」

姊姊點點頭，寫下了家裡的住址給我，並塞了一點錢，「這些給你當作盤纏。」

我沒收下，搖搖頭，告訴她：「我修持的是特殊的托缽祈福法門，取之於民，用之於民，不需特別準備，每天只托缽一餐，所需即已足夠，所以沒有其他需求了。」

她微笑點頭，沒有再表示什麼。我向她行禮後，跟她告辭，又繼續開始了自己的修持之旅。

修行結束

時間過得很快，不經意間就又過了十二年，我終於完成了萬里修行。回程時，我重回西安城，去探望姊姊和她的家人，跟他們報平安之後，就直接返回河南商丘白雲禪寺。

回到了白雲禪寺時，我才知道師父已經圓寂了。他生前留下一封信，請沙彌師兄轉交給我，師兄現在已經正式成為白雲禪寺新的住持方丈，接下師父的衣缽了。

在信中，師父要我把二十二年修持的托鉢祈福法門寫成教本，由白雲禪寺傳習給普天之下有緣的修行者。我編撰了三年，終於完成了師父的交代，與世結緣。

年滿六十六歲的那年秋天，我在白雲禪寺圓寂。我想，用我們有限的生命，來換取無窮無盡、無可取代的價值，造福人群，這就是人類存在的終極意義吧。

應願轉世乘願再來，此世投胎在台灣

結束了在西藏布達拉宮的修行，涅槃圓寂前（詳見我的第一本書《跟隨菩薩的修行者》），菩薩問我，來世希望投胎去哪裡，或是想要去完成什麼樣的願望？我回答菩薩，累世以來，我從來沒有真正去體驗過擁有家人親情溫暖的感覺，很期待在未來能夠有這個機會來真正感受一下。這時，菩薩臉上露出了笑容，對我點了頭，「我會幫你安排的。」當天下午，我在布達拉宮帶著無限的期待圓寂了。

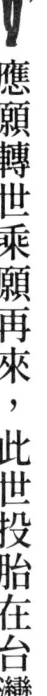

兒時與城隍結緣

在台中市南區合作街的台中酒廠員工宿舍裡，在午夜二點鐘，一名嬰兒迫不及待想要趕快突破母親肚子的防線，來到這個世上。經過多次痛苦與掙扎後，在產婆的幫忙下，這個孩子終於破繭而出，宏亮的哭聲劃破了原本寧靜的夜晚，彷彿昭告天下

「我出世了」。

我出生在酒場員工的宿舍，房子是酒廠配發給外公的，它是一間日式風格建築，由於寬敞，旁邊又有一間小倉庫，所以後來外公就改建倉庫，做為我們全家暫時居住的地方。住宅附近的路都是炭渣路。酒廠在製酒時，會燒焦炭，剩下的炭灰會用來鋪在酒廠附近的泥濘地，稱為炭渣路。我小時候都穿木屐，所以常常會被焦炭渣刺破腳指。

家裡有三個孩子，我是排行最小的，上面兩個哥哥兄弟之間年紀差一歲，一個上托兒所時，另外一個就可以去旁聽順便享受點心，但我因為年紀太小，所以無法參與，只能自己去住家旁邊的城隍廟排譴空虛與無聊。

城隍廟歷史悠久，香火鼎盛，是當地居民心靈的守護者，也是我從小最喜歡去的地方，因為偶爾可以吃得到香客的供品、糖果。廟裡面供奉各式各樣的神像，多半具有莊嚴的表情，讓人目不暇給，也不禁給人一種恐懼感，廟裡的池塘有民眾放生的魚類和烏龜聚在一起生活，隨時都會有信眾主動投餵食物。我每天都能看到絡繹不絕的真誠信眾前來膜拜，他們來時表情失望，離開時卻充滿希望，這也是宗教安撫人心的力量。

我也是在城隍廟第一次體驗到自己具有和神佛、靈界相互溝通的能力，小時候第一次體驗時，難以形容那種奇妙的感覺，那時我完全不懂陰陽眼或是通靈，更不知道當下跟我說話的到底是神、是人還是鬼。

自從我去過城隍廟後，有次晚上睡覺時，夢到城隍老爺爺來看我，希望我可以到廟裡幫忙祂。當下我沒有答應或是拒絕，因為我並不知道自己可以幫忙祂做什麼事情，但因為這原因，我開啟了自己未來一生和菩薩所結下的緣份。

每天，我看家人上班、上課出門後，我就會偷偷跑去廟裡，讓負責照顧我的外公、外婆常常找不到人，一開始我經常挨罵，他們也時時刻刻盯著我，但是後來知道原來我都會跑到城隍廟玩，也就漸漸不再限制我了。

城隍廟的老廟公年紀很大，每天清晨就來開門打掃、供果、上香，日復一日未曾間斷，而我可能就是城隍廟裡最忠誠的信眾，每天一定最早到，而且很少會缺席。我都會先跑到城隍爺前，向祂行禮鞠躬，再跑到范謝二位將軍旁邊，拍拍祂們的金身打個招呼（題外話：其實范謝二位將軍的本尊容貌並不是金身的模樣，祂們都長得人高馬大、帥氣挺拔，金身的模樣是希望達到不戰而屈人之兵的震撼效果而已），接著我就開始到水池邊，與池裡的烏龜、魚類玩耍，日復一日沒什麼變。

老廟公開始對我感到好奇，不經意地觀察我。有一天，老廟公忙完自己的工作後，叫我到他的位子上，要我坐在椅子上。我看著他緩緩打開抽屜，從裡面拿出了兩顆漂亮的糖果放在我的手上，我笑了笑，向他點頭答謝。

他問：「小朋友，你住哪裡？為什麼每天都會來廟裡？」

我如實告訴他。

他又問：「為什麼你進廟裡之後，只會向城隍爺和范謝二位將軍打招呼？」

我愣了一下，看著廟公，才緩緩告訴他：「廟裡的神像裡，只有祂們三位會跟我講話。」

這時廟公愣了一下，兩眼看著我，有股迷惘在他眼中顯露出來。

我對他笑了笑，就沒有再說什麼，拿了他給我的糖果就離開了，獨留他在位子上，百思不得其解。

接下來幾天，我並沒有再度如常出現在城隍廟，因為父母帶著我們三個孩子去拜訪一個遠房的親戚，所以經過了一周的時間才回來。再次走進城隍廟時，老廟公告訴我：「我有請示城隍爺，神明希望你能夠幫忙城隍廟做一些事情，不曉得你是否願意？」

我轉頭看了一下城隍爺，又回頭看了范謝二位將軍，此刻，城隍爺與二位將軍都在向我點頭示意，於是我點頭回應了老廟公的請求，他予諾會替我保守這個秘密。我相信他了。

那年我剛剛年滿四歲，之後妹妹與最小的弟弟也相繼出世。那一刻開啟了我這一生與神佛菩薩的因緣。我開始默默幫助城隍廟做一些特別的工作，廟公會直接透過我來了解神明的旨意，一直到我快要屆滿六歲，我準備要上小學，所以全家搬遷到父親公家安排的宿舍，才暫停了這份工作。

在城隍廟的兩年時光，應該是幾年來過得最好的時刻，每天都可以吃到糖果、糕點或是水果，中元普渡等重要節慶也可以吃到美味傳統的米粿與糕點，讓我簡直想直接住在廟裡面。但搬到了新家後，我突然發現自己心中的天堂已經不見了，所有美食都瞬間消失，這也許就是時也、運也、命也！

新家是鬧鬼的日式宿舍

新家是舊式的日式宿舍，這些宿舍都是在日本時代興建的，戰後由國民政府接收、撥整，當成政府員工的宿舍，所以歷史也很久遠。每個單元區隔成四戶人家，每戶有鋪上塌塌米的臥室通鋪，臥室內有一間小儲藏室收納鋪蓋的毛毯、棉被；客廳和臥室之間沒有隔間，庭院和客廳中間設有鑲玻璃的木拉門，庭院中有竹籬隔開每一戶人家，外面的大門旁有一間四四方方的小倉庫供堆放雜物之用。住家周圍種了很多的樹木，尤其到了晚上顯得格外陰森恐怖，以前用的照明燈泡又都是小瓦數的燈泡，不會很亮，數量又有限，活動的範圍自然會選在有燈光的地方較有安全感。

從住進新家開始，我就看到幾位日本人亡靈穿梭在我們住的這個社區單元裡，有一對老年夫婦、一位年輕媽媽和二個年紀很小的孩子。我怕驚嚇到家人，所以勉強壓抑住自己恐懼的心情，故意不去看他們，但是愈這樣，愈會引起他們故意做些事情，但我堅持不理會，漸漸也習慣了，不會在意他們，但是依舊與他們保持距離。有時煩了，我就會對他們莫名的發火，他們也會被我反應的舉動嚇到。但這些舉動被家人發現後，父親經常要母親帶我去看醫生，了解這個孩子是否精神異常，讓我不堪其擾。

其實我知道，這家亡靈的男主人因為派赴海外作戰，戰死沙場，這個宿舍就是日本政府安置他們在台灣的地方。男主人是日本皇軍派駐台灣的軍方人員，後來戰事失利，連駐紮在台灣的部隊都不得不派赴南洋戰場，而男主人就一去不復返，遺留自己年邁的雙親、年輕的太太與幼齡的孩子。當媳婦知道丈夫戰死沙場時，這也宣告了全家人悲慘的命運，之後媳婦選擇了一個適當的時間，把這個消息告訴了公公與婆婆，他們商議後，決定全家人選擇一起吃上最後一次晚餐，然後共同赴死，結束了全家人這輩子悲慘的命運。我反覆不斷看著他們最後一餐的景象，深深令人難過與不勝唏噓，印證了人類歷史共業的可怕，與因果業報應的無情。

之後，我利用去外公家的時間，特別去了一趟城隍廟，把新家所碰到的事情告知城隍爺，請求祂幫忙。

祂微笑著問：「你也會害怕他們嗎？」

我看了看城隍爺，然後思索一下，緩緩點了頭。

此刻，祂笑了，然後對我說：「我會幫你把他們送回他們的家鄉，你放心回去，不要再擔心。」

我很高興的向城隍爺道謝，離開了廟。

有一天，我發現那戶日本亡靈人家真的都不見了，雖然有些高興可以不會再累積精神壓力，卻也有些不忍，畢竟這裡也曾經是他們的家，然而欣慰的是他們終於認清事實勇於去面對了。

隔壁的老爺爺被地府將軍帶走

時光飛逝，搬到新家後很快就過了三年，我們也逐漸跟鄰居們熟識，隔壁的老爺爺每天早上常常會隔著稀疏的圍籬，問我：「你又要去上學啦？」我點頭回應。

老爺爺年紀已經九十多歲了，但依舊耳清目明，因為我常常會隔著圍籬和他打招呼或是聊天，所以他很喜歡我，常會偷偷拿一些點心給我。在那個貧困的年代，要能三餐溫飽已誠屬不易，對我們而言，飯鍋底下的鍋巴和菜盤底留下的湯汁是唯一能把碗裡的米飯變成美味可口的瓊漿玉液，那種美味可以算是貧苦中的一種奢侈，幫助今晚入睡後做上美味的春秋大夢。所以老爺爺的點心對我而言有多美味，自不必多說。

在仲夏的一天，天還沒有亮，我在睡夢中被一陣鐵鍊相互磨擦的尖銳聲音吵醒，打開模糊的雙眼，竟然看到三位穿著古代甲冑的衙役，手上提著刑具，從我家的大門穿越進來，經過院子，再穿越圍籬到老爺爺的家裡。當下，我被嚇到完全沒有了睡意，一雙眼睛直盯著老爺爺他們家，沒有多久，就看到老爺爺被將軍和衙役押解上了手銬和腳鐐，緩緩穿越圍籬，循著我家的院子向大門走出去。

此刻，我按捺不住，問領頭的將軍：「為什麼你們要抓走老爺爺？為什麼要給他上手銬和腳鐐？」

將軍看了看我之後，也許怕嚇到我，他收斂起原本很嚴肅的表情，微笑地告訴我：「因為他的元壽已經到了，加上他在年輕時犯了一項很嚴重的罪行，所以我們奉命押解他直接回到地府，歸案受審。」

此時，我轉向看低著頭的老爺爺，他緩緩抬起頭開口，向我說：「這位將軍說的是對的，我在年輕時，因為利益而出賣了自己的多年好友，讓他喪失了生命，連帶家庭也跟著破碎了。這些年來，我一直深深自責，後悔不已，希望能夠有機會來彌補當年所犯下的錯誤，但是一直找不到機會，所以內心的愧疚始終無法化解。我困擾了這麼多年，今天終於我可以為自己所做的錯誤受到果報，這樣就不用再面會對心靈上的折磨了。」

老爺爺淚流滿面，而我的眼眶也跟著泛紅。

老爺爺最後告訴我：「以後長大一定要做個堂堂正正的好人，善惡必有報，沒有人可以逃過天理果報的追償，記住了，不可以忘記！」

接著他們就離開，消失在大門口旁的圍籬裡了。

鄰居奶奶的壁虎抗癌秘方

在我家宿舍後有一間住宅，庭院裡種植芭樂，結果時看起來相當可口。有一次，我看著那些芭樂，引起了貪婪心態，想乘他們家中無人時爬上圍牆摘芭樂。但我正要大展功夫的時候，屋主老奶奶正好返家，當場人贓俱獲，我的面子盡掃落地。

那時我低頭等待屋主對我破口大罵，結果她問我：「你可不可以可以幫我抓一些壁虎？一周三次，每次抓三十隻，我可以給你一個月三十塊的工錢。」

當下我愣住了，我以為聽錯了。她見我沒有答覆，問：「兩天後開始幫忙，可以嗎？」

我問：「為什麼要抓壁虎？」

她說：「這是治療癌症的偏方，需要洗淨生食。」

我心想，這可以吃嗎？但她雙眸看著我的表情，然後點頭表示：「這當然能吃。」

後來我才知道，這偏方是把壁虎剖腹，去除頭尾、四肢，洗淨後夾著吐司麵包生食，用「以毒攻毒」的方式治療癌症。

我幫這位老奶奶捉了一個月的壁虎後，我們逐漸熟識了，我每次把抓到的壁虎拿去她家時，她也會請我吃點小點心，於是我們便由陌生變得愈來愈熟，她把我當成她的孫子一樣對待。

但愈是熟識，我就搞不懂愈多事情，在我小時候的那年代，罹患癌症就等於註定不久人世了，但為什麼生吃壁虎可以治療癌症？為什麼這麼平易近人、和藹可親的長者會得到這麼嚴重的病？又為什麼她平常都是孤獨一人生活？這一切為什麼的疑問，引起了我對這位老奶奶身世的好奇。

後來，我聽說她的老伴很多年前就過世了，留下她和一位女兒相依為命，她娘家是個富豪家族，上有兩位兄長，她是家中最小的孩子，又是唯一的女兒，所以集全家寵愛於一身。也許是嬌寵的緣故，所以她很有自己的個性與原則，成年後不顧家人的反對，愛上了一個窮苦出生的學者，也生下了一位可愛的女兒，但是天妒英才，她的夫婿卻在年輕的時候因病撒手人寰，丟下她們母女二人。幸好在最困難的時候，她們被娘家的人找到了，化解了辛苦的僵局。

但是她返家後，才知道父母因她的離家出走而鬱悶寡歡，先後離世。不過，她的父母生前有預留一份遺產給這個女兒，所以靠這份遺產，她得以培養自己的女兒長大成人，學藝專精，也讓她晚年的生活無後顧之憂。唯一美中不足的，就是女兒長年在國外，很少回來，所以她很孤獨。雖然她很思念女兒，但女兒也沒有空回來看母親。

有一天，我拿壁虎去她家，敲門很久都未見有人來開門。我爬上圍牆向裡面看，都沒有看見她的身影。三天後，我見到她們家有人回來替她辦喪事，我帶著惆悵的心情，默默祝福她早點脫離生老病死苦，不需再掛念遠方的親人，到另外的地方重新再過新的生活。後來就沒有再去她家了。

憂鬱女性的幻影與跳河者

禪修的幻影

這次的事件，是發生在我修練的時候。當時我預約中秋節過後到苗栗某寺廟閉關禪修，希望這次能夠提升自己心靈寧靜的能力，時間訂為三天。

第一天早上八點鐘，我就到達該寺廟，八點一刻，進入預定的禪房，就開始打坐禪定，讓自己心靈平定，逐漸進入深層入定狀態。開始不久，我順利接上入定的氣場，身體的感覺慢慢由重變輕，轉為輕飄浮移，然後停止在一個定點。這時，我感受到體內的磁場開始向身體四周一點一點融入、擴大，慢慢可以接收到來自大地的律動和磁場的變化。所有過程完全寂靜無聲，如同飄浮在浩瀚無垠的宇宙空間之中。我在剎那感到前所未有的寧靜，聽不到，看不見、摸不著、聞不到，只感覺到一切都是靜止的。

這時，一個印象突然進入我的思緒當中：一名女性穿著合身、上淺下深的套裝，看來時髦又懂得打扮，臉上卻有強烈的茫然、無助與情緒低落。她慢慢走，不時回頭，好像期待有人能夠叫喚她。我瞥見她眼中含著失望的淚水，令人好生不捨。

然後這幕景象突然消失了。

我又重新回到剛才入定的狀態，之後慢慢打開雙眼，摸不著頭緒，想著剛剛出現的景象。不過接著我陸續完成今天的功課時，沒有再見到類似的情形。

接著第二天也沒有再看到。

就在第三天早上正預備禪坐入定時，我接到電話，一名熟識的朋友告訴我，他有一位女性好友，是一家航空公司的空姐，也是座艙長。因病纏身想不開，到淡水漁人碼頭投河自盡，好幾天都找不到屍體，希望我能北上幫忙找尋。

於是我收拾行囊，用完早膳，就直奔碼頭和家屬碰面，並要其家人準備一些招魂的物件。

一個多小時後，我到了碼頭，天氣陰霾，刮著陣陣的海風，氛圍淒涼又令人毛骨悚然，猶如那位女性在海邊用力嘶喊著內心所受的痛苦。

不久，家屬到了，我們一同在碼頭上擺好招魂用品，吃力地在強風中點燃了三支立香，我開始唸招魂咒，海風竟然隨之變大，也飄起了一絲絲細雨，天色變得愈發灰暗。

這時我看見那位女性的魂魄，站在河口上，仔細看是站在一條不知名的魚背上，向我們靠過來。她上了岸，先向岸上的菩薩行了跪拜禮，再起身看著她的家人，然後站在我面前。這時，我才發覺她就是前天禪修時瞥見景象中的女主角，臉部、衣著完全符合！

我請家人來到前方，上香致意，並約定三天後設法壇超渡亡者。這時，亡靈回到岸邊那隻魚的背上，慢慢向捷運站的方向移動，然後消失了。我告訴家屬：「天黑之前，亡者的身體就會在捷運站的岸邊找到了，你們要找專人準備打撈。」

之後我就先行離開返回臺中。

一如預期，下午五點半，家屬在捷運站後方的河堤邊發現了她的屍體，打撈上岸後，立即送往臺北殯移館準備後事，我們也確定了三天後的法會。

亡者的心情

三天後，法會準時召開。女性的家人、好友、同事都到了。

首先我們恭請菩薩蒞席，並請地府及地方的神祇、菩薩列席見證，隨後點上三支立香，請地府將軍引領亡者進入法會現場，由我代表菩薩，會談亡者。

先驗明亡者正身之後，我們開始進入會談重點。

我問她：「你為何想不開？人生可以重新出發，但是逝去的生命卻無法從頭再來，你是否知道不尊重生命的罰則是非常嚴重的？」

她說：「我平常的工作壓力很大，時間又長，常常會日夜顛倒，日子久了就影響到心情，還罹患了產後憂鬱症候群。雖然我有服藥，但只能壓制症狀，卻無法根治。雖然先生及家人都對我很好，但是我的病情並沒有好轉，長期折騰。多年以來，先生與家人一直遷就著我的病情，造成他們的不便，讓我一直耿耿於懷。為了不想再讓他們跟著我痛苦，所以我才默默決定，要在中秋節後離開。」

我們只是沉默，等她講下去。

她繼續說：「中秋節後，決定的那天傍晚，我穿上自己最喜歡的一套衣服、鞋子，帶上手提包，跟家人說，我和好朋友約了一起小聚，就離開了家。出門後，我回頭凝視家，看了它最後一眼，壓抑住自己的心情，搭上捷運往淡水。到淡水站下了車，下班的人很多，我緩緩走向河堤，期間不斷回頭看，告訴自己，先生、家人會來找我的。」

然後她語氣有了點激動，「但是當我站在河堤上，再次回頭時，並沒有看到家人來找我。我佇立了一會兒，夜色已經很黑了，轉頭望著淡水河心，不再去想，直接躍下河中。」

然後她流下眼淚：「我很後悔做了這件事，不但讓我自己痛苦，更讓深愛我的家人痛苦！我知道現在再說什麼，做什麼都無補於事，唯一祈求上蒼能夠原諒我，也希望家人、好友們都能好好活下去！」

這時，在旁邊的親人、好友、同事，每個人都淚流滿面、泣不成聲。

菩薩們一致決定，並說：「我們願意再給與亡者一次投胎轉世的機會，這次是因為你身患疾病，情有可原，待念深怕自己造成家人的負擔和壓力，故而做了錯誤的決定，下不為例。」

亡者向菩薩跪了下來，他的家人也一起陪同，感謝菩薩的恩澤和慈悲——而且他們家人其實都是忠誠的基督教徒。

後來我才知道，這位亡者的好友認識一位住在台中、很特別的老師，而且亡者生前就知道這件事了，所以往生之後才會找到我。

我望著眼前的景象，感慨一味固執造成大家都悲傷的悲劇，希望大家尊重生命，愛惜家人，以免造成無法彌補的後果。

附錄1

地獄的結構

絕大部分的人只要提到地獄，多少會害怕，因為它就像一面鏡子，可以看透人性，讓所有隱藏在內心的善惡無所遁形。

地府的名言是：「三界之中最公平、最公道、最無私的地方。」無論任何人，只要到這裡，都會受到最公平的對待，沒有任何人可以例外。人死後會到「地府」報到，並經過調查判決，而若有前世累積業債，或生前犯錯，就會到其中設置的「地獄」接受刑罰。地獄就是償還因果業債最後執行的地方。

廣義上，我們所說的地獄包含以下地方。

1. 地府，底下設有：

⑴酆都：主司管理所有六道生靈、亡靈事宜。

⑵東嶽：專司調查處理重大案件平反冤情。
⑶十殿閻王：處理六道的亡靈。
⑷枉死城：專司處理未達元壽、冤死、自殺身亡者。
⑸阿鼻地獄：專司教化窮兇極惡無惡不做的六道惡靈。
⑹無間地獄：專司處理懲戒無教化可能的六道亡靈。
2. 陰間：收留管理往生後尚未去、或拒絕去報到亡靈的地方。
3. 混沌界：收容六界之外的異靈、妖魔、鬼怪、魑魅魍魎。
4. 幽冥世界：地獄最高指導菩薩「地藏王菩薩」教化人心引導正確修行的地方。

在十殿閻王殿中，第一殿負責六道亡靈的報到通知。第一殿會派出地獄使者，通知往生者，並引導對方於規定期限內到第一殿報到，視其前世、今生所做所為善惡比例，審核判定適切核處，轉送處置。

第二殿至第九殿閻王承接第一殿判決，有罪往生者按罪名情節輕重，分別送往指定閻王殿受刑，一罪一罰，無可減免優惠。罪期刑滿，若尚未達標投胎，暫時遣送至陰間，等待通知投胎。

台中城隍廟，一殿圖

第三殿

第二殿

第七殿

第六殿

第二殿〜第九殿

第五殿

第四殿

第九殿

第八殿

枉死城，則是專司收留枉死、被害、元壽未到、無正當理由自殺身亡者，這些亡者會直接由枉死城主管閻王調查死因，情節重大者可申請東嶽殿派專人專案調查，待原因水落石出後，轉送一殿判決。

陰間，則是收容尚未投胎、不願到地府報到、不想投胎的亡靈，除了等待投胎核備在案的亡靈可以收到地府的補助和照顧，其他條件的亡靈都不在地府照顧之列，由他們自己去負責。

混沌界，則是收容六道以外的妖、魔、鬼、怪、魑魅魍魎、異靈。地府不主動去干涉，除非影響到其他族群，或是當地和諧情況，這時地府才會派出人員出面處理。

枉死城（局部放大）

你的生前表現會決定你的死後命運

一般正常人往生之後，若前世今生都沒有犯下錯誤，地府會派出地獄使者，向往生者通報去地府的報到日期，屆時再由地獄使者前往引導，按照正常的報到路徑，回到地府第一殿，完成所有相關的手續，然後轉送陰間，等待安排投胎轉世。

若往生者生前表現不錯，前世又沒有犯錯，地府會派出地獄使者，向往生者通報報到日期，並詢問是否有未完成的事情需要協助？日期一到，再由地獄使者引導，透過優惠通道返回地府第一殿完成手續，後再轉送到地府的招待所等待投胎轉世。

在一殿中，亡者們受使者引導

有特殊傑出優異的表現，或神佛菩薩轉世乘願再來者，地府會派出菩薩，直接引導至地府第一殿，由地藏菩薩、酆都大帝、東嶽大帝及一殿閻王恭迎，登上天河專屬的船隻，由專任菩薩陪同返回天界。所謂天河，是由地面向上通往天庭的部分都稱為天河，地面以下通往地府的部分稱為冥河。

往生後累世、今生表現不好，但又非罪大惡極之人，只是小過不斷，但大錯不犯者，由地府派地獄使者送達通知，報到當日由地獄使者引導亡靈走黃泉路、奈何橋、望鄉台等傳統路徑，到達地府一殿報到，經過調查審判決有罪之後，移轉至相關閻王殿接受服刑處分，期滿轉送陰間，

十殿圖上的奈何橋、望鄉台（局部放大）

等待投胎轉世。

往生者生前無惡不做，但罪刑尚不及特別嚴重者，而前世又有因果業債尚未結清時，往生之後，地府會直接派遣地獄使者及夜叉將軍拘提，連夜押解返回地府一殿迅速調查，判決，再移轉至其他閻王殿執行處分，直至所有罪刑處分服滿再行轉送陰間等待投胎轉世。倘若遇罪大惡極，無可赦免者，直接由地獄拘提將軍前往拘捕，直送阿鼻地獄或無間地獄羈押，再由地府閻王就地審訊判決，確定最後刑期、地點立刻移送執行。

按照地府律例，判定打入阿鼻地獄服刑者，代表尚有一絲教化可能，但除非有特殊的重大功勞情事，足以減輕罪刑行為者，否則打入阿鼻地獄視同永世不得超生。最後，受判決打入無間地獄之受刑人者，是地府定位為毫無教化可能對象，自然不再對其施以教化作為，一經判刑確認，則生生世世永無翻身的可能，直至魂飛魄散永無出期。

另外，無故自殺身亡者，依地府律例，前七世輪迴，會在每世的同年同月同日同時辰重覆自盡之刑。七世期滿，投胎第八世起，生生世世打入畜生道，生靈界，永世不得超生為人，但在七世輪迴期間，有特殊優良表現者，得報請一殿轉呈主管菩薩核定是否給予重生為人的機會。

對於被害性命冤死者，若死者是單純被害冤死，得以免罰，並可向一殿申請閻王令，可生生世世向加害人討報索命，沒有法律責任。但若被害人冤死不是單純被害，則被害人需在枉死城受刑，直至天定元壽的刑期屆滿，方可申請投胎轉世。

大多數人沒辦法了解，不過其實地府每天都會派出大量的地獄使者到凡塵接引甫往生的人，但同個時段內會派出更多的地獄拘提者前往陽世，拘拿違反天道的受刑人。

天做孽，猶可為，自作孽，不可活。很多的道理其實並不難理解，但是人性的自我執念其實就是造成這類悲劇不斷發生的主因，人性很難真正去記取歷史的慘痛教訓！

二、生靈無處不在

魚販單親家庭，大兒莫名被關入冷凍庫

冷凍庫關人意外

有一位媽媽養四個孩子（二男二女），為了生活，四個孩子幫媽媽在菜市場賣魚。剛開始，孩子有些不太習慣殺生，久而久之就漸漸的習慣接受了這樣的生活模式。

隨著生意愈來愈好，原來的臨時冷凍櫃大小不足，也無法符合冷凍標準，他們決定在租屋處裝設新的冷凍庫。三個月後，冷凍庫裝設完畢，他們陸續把需要冷凍物品全部放入冷凍庫裡。

他們家是單親家庭，所以並沒有安神明和祖先，但是媽媽不知道從何處找了三尊來路不明的破舊佛像，放在置物櫃上鎮宅，主要理由是藉佛像來震懾外靈、亡魂以及殺業，但他們也沒有參拜過。

但，自從把神像搬進家中後，家人陸續發生了莫名的事情，一直持續了三個月沒有停止過。首先，是家人的身體時常出現異常，然後是發生了一場意外。

有一天，當他們做完生意後，孩子陸續把賣魚的生財工具分批送回家中，沒有賣完的生鮮漁貨也逐步運回冷凍庫。有個孩子先回家後，把狗食放在瓦斯爐上煮，準備餵養家犬，另一個孩子陸續把鮮魚貨送回冰庫，卻突然失蹤。在市場的家人打了多通手機電話，卻是都沒人接聽，於是打了家裡的電話，竟然也沒有人接聽。

因為事有蹊蹺，媽媽立即騎車返家，發現在客廳瓦斯爐上加熱的狗食已經燒焦冒煙，立即關掉瓦斯爐，接著又看見小兒子昏睡在沙發椅上面。她馬上叫醒孩子，問：「你哥哥去哪裡了？」

小兒子迷迷糊糊地指著冰庫方向，他們馬上衝到冰庫，發現門自己關上，急忙打開大門，發現大兒子僵直倒臥在地上。

他們立即把大兒子拖出冰庫，讓他喝高粱酒，並用溫水溫暖身軀，終於救醒了大兒子。

大家身體變差，加上這件意外，嚇壞了全家人，尤其冰庫有特別設置安全設施，有人進入冰庫時，大門電腦就會顯示「內有人員」，門栓就會呈現開鎖警示，除非電腦顯示冰庫內沒有人，冰庫才會呈現閉鎖警示，才可以啟動裝置鎖門。事後請，他們請冰庫安裝的廠商全面檢測，結果冰庫完全正常。

於是他們透過介紹，找我幫他們家找出原因。

來路不明的佛像被亡靈侵佔

三天後，我依約到他們家。當距離大約不到五十公尺的時候，我突然看到一大群亡靈與生靈，從他家裡面集體衝出來，然後四處鳥獸散。

我進到他們家後，恭請地頭的土地公、地基主、地靈公，了解事發經過與原因。他們告訴我，他們家因為不相信宗教，又害怕鬼怪干擾，所以媽媽不知道去哪裡撿回遭人丟棄的佛像，放在客廳的置物櫃上，又沒有按照規定祭拜，遭到丟棄的佛像原本就已經無神，他們放在家中，就給予亡靈一個借宿的機會。平時雖然沒有拜拜，但是每天他們都會煮三餐，餐桌的後面就是置物櫃，佛像就放在上面，所以就等於他們一天都固定拜三次，只是他們不知道這樣做就已經拜了亡靈，於是愈拜愈聚愈多。

而且，從他們全家開始在市場販售現殺活魚之後，隨著殘害生命愈多，怨恨之氣也就愈來愈強烈，導致家人心性都逐漸改變，累積到了臨界點後，終於爆發開來。

幸好菩薩慈悲為懷，在發生最嚴重的狀況之前出手阻止，否則又將會有年輕不幸的生命殞落，多添二位冤靈。

我按照古禮法門，超渡亡靈與生靈，並化解他們各別的因果業報，現在他們正式在家中請了一尊菩薩坐鎮，並且回到故鄉，請回了祖先的香火，正式安厝祖先牌位，每天祭拜，而且每年定期都會舉辦超渡生靈法會，超拔被他們殺害的活魚生靈。

經過這樣改變，他們家人現在都很平安、健康，生活也很富足，全家因為這件事情而衷心感謝菩薩。

木雕行老闆與人、與木的因緣情仇

木雕行老闆救助長髮男，卻使自己陷入果報

一年前，有一位好友為我介紹，說他有個老闆朋友在做木雕藝品及冰品生意，最近生了重病，雖然用盡方法但不見好轉。

曾經有位深諳玄學的友人告訴老闆，過一段時間，如果有一位留長頭髮的朋友來求助時，千萬不可以幫忙他，否則會讓自己涉入複雜的累世因果而受到牽累，但這位老闆卻誤解了長頭髮的定義為女孩，所以認定不要幫女孩就可以了，於是有一位留長髮的男性友人找老闆求助時，依然出手幫助了他，導致了自己的健康莫名出現了問題。於是，我朋友特別請我幫忙這位老闆好友化解災厄，並且救助其性命。

當我排出這位老闆朋友的命盤時，找出了造成他生病的主要原因，深知這次想要救回他生命的機會恐怕非常渺茫，因為病灶直接在他胰臟，而且情況嚴重，累世結怨的冤親債主既不願意原諒他所做的事情，也不肯接受調解，於是我如實告訴家屬，這次即使直接處理因果和特別治療，也依然救不回他的生命，最多只能減輕他的痛苦，讓他安祥離逝。

經過他們家人的商議後，我們請示菩薩，菩薩予諾連續三個聖筊，所以他們家人決定請我北上幫忙，爭取他最後的機會。我安排適當的日期後，舉行化解因果的法會。

法會當天，我們恭請相關的菩薩，並請地府將軍引導當事人所有相關冤親債主到場，接受菩薩的調解。當所有人就定位後，我把當下的焦點放在冤親債主本人。我請教了這位冤親債主的名字，拿起了地府判官所提供的生死薄以及相關的調查報告，核對姓名，仔細參閱了生死簿上所登載的資料，然後請這位冤親債主以親身口述的方式，向所有在場的菩薩將他們二人的所有前世恩怨情仇一次說清楚。

私下挪用公款後被趕出自己打拼企業的前世

原來四世以前，他們出生在中國大陸遼寧，家鄉人士大多從事伐林製材或漁牧工作，所以他們自幼就承襲了這類工作，長大後，這位冤親債主就找到從小到大的鄰居好友（也就是現世的老闆），一起投資伐林製材的生意。由於老闆前世的家境貧困，無法拿出太多的資金投資，所以老闆改以象徵性的金額投資，連帶從事勞務工作替代投資基金。冤親債主成為大股東，老闆前世成為小股東。

敲定投資案之後，二人齊心協力打拼共同的事業，生意愈做愈好、名氣也響徹東北三省，大股東平時負責資金調度及重要決策性的工作，小股東負責木材生產製造、生意接洽、人員調度管理等細節的工作。因為小股東家中經濟拮据，又有為數較多的親人需要撫養，所以有時候不得已就暫時挪用小額公款來支援家用，待薪資及股利發放後，再行如數歸墊。為了讓投資的生意能更快盈利，來應對家庭開銷的壓力，小股東全力投入工作。

不過，小股東私下挪用公款的事情還是被人發現，轉傳到大股東的耳裡。有一天，大股東利用小股東出差外地的時機，指示了自己所安排的內線員工主動舉發小股東侵佔公款，並且報官備案，而且還假造額度更大的新偽證。在罪證確鑿，無力反駁的情況下，小股東只有啞巴吃黃蓮，含恨簽下了協議書，放棄這些年在工廠投資的辛苦成果，做為對公司的補償，然後完全離開，而公司所有的資產、利益則全部歸大股東一人獨佔。

不過，小股東並沒有被這次的挫折打敗，他開始到處籌錢，另組了一家新的公司從頭來過。經過小股東更辛苦努力的經營之下，大股東的公司逐漸被小股東的公司所取代，最後導致了大股東公司經營不善而倒閉。

大股東怨念四起，把所有的責任都怪罪於小股東身上，但其實所有人都很清楚大股東為人處世的方式，更知道之前發生在小股東身上的事情，全部都是出於大股東一手籌劃的陰謀。最後，原本告密的內線員工經不起良心譴責，把大股東所有的陰謀揭發，成為壓垮大股東事業的最後一根稻草。

經此之後，大股東一無所有，終日鬱鬱寡歡，積鬱成疾，含恨離世。但他往生之後不思悔改，還到地府向閻王告狀，陷小股東於不義，幸經地府還其公道，並據實登載於生死簿上。

冤親債主見謊話被揭穿，終於承認自己的錯誤，也很誠心地向被污陷的小股東跪地致歉。此刻，我要求關係人小股東也應該為自己私自挪用公款一事向大股東道歉，請求原諒。這件事終於在菩薩全力的調解下圓滿落幕。

在法會完成後，當事人的情況正如菩薩指示的結果，病情逐漸平穩，痛苦指數也降低了許多，一周之後，這位老闆在接近安祥的狀態下離世了。

再次舉辦法會，了解亡者被我執牽絆的近況

他往生一個月後，家人因為思念之情，希望我能夠替關係人辦一場召靈法事，以便了解他目前的情況。

我告訴家屬，這必須經過菩薩的同意才可以舉辦法會。在家人誠心請求菩薩後，獲得了連續三個聖杯，於是我安排北上，舉辦召魂法會。

法會當日，我按照慣例，恭請菩薩蒞臨指導，並請地府的將軍引導亡者回家。關係人到達會場後，他依然穿著往生時的那套衣服，而他的特殊髮型也依舊如故。接著，我開始釋疑亡者和家屬之間的疑問。

家屬在辦後事時，有特別聘請法師替亡者舉行很多場超渡法會，期望能夠讓他安

心跟隨菩薩透過修行，改變執念，獲得正知正念，投胎轉世為人。然而他卻依然故我，未曾放下自己的執念，不如家人的期待。

我轉告他的家人：「因為他受了我執的牽伴，並自認自己在這世做了許多的善舉，應當可以獲得更多更好的待遇，所以並不滿意這樣的結果，何況他自己也沒有很高的意願跟隨菩薩去修行。」

我向他本人說明，也一同說給他的家人聽：「雖然這世你的確做過不少的善事，但是並不足以彌補你前世及這世對無辜生靈造成的傷害。況且，你自己行善所累積的福報，其實上天都已經應報在這世所經營的生意上面，讓你的生意順利、家庭富足美滿，更讓你擁有三位出色而善良的孩子。累世所傷害的生命前來討報因果，也是理所當然的事情。如果你願意認錯懺悔，改正自己的錯誤，並且真心的向受害人道歉，懇請菩薩給自己一個自新的機會，不但所有的受害者乃至於菩薩都願意給你機會，我也相信你的家人也一樣會支持你這麼做，希望你能夠真心的接受菩薩這個建議！」

亡者聽了後，低頭不語，陷入沉思。我隱約看見他的眼眶含著淚水，然後他緩緩抬起頭來，點頭同意。

接著，我要求他誠心誠意跪在釋迦牟尼佛的面前，行五體投地的最高禮，許下自己的心願，真心誠意跟隨著佛祖釋迦牟尼前去修行，懺悔自己曾經犯下的過錯。

菩薩面露微笑，示意隨行的地府將軍，先行引導亡者離開，返回地府。

之後，他們家人邀請我重新檢視佛堂，確定所供奉的菩薩和祖先是否安然無恙。關係人的家人也因為其過世而造成心中有壓力，嚴重影響睡眠品質，這部分也希望我能夠協助他們改善。

從他們家的佛堂開始，我首先整理菩薩的木雕尊身，再次開光點眼，重新安座，接著把祖龕內頁祖先的資料重新檢視，改正，補足錯誤的部分，再把祖先牌位整個做層次性的框金彩繪，讓它看起來更加莊嚴華麗。接著，我從頂樓開始，用奇門遁甲法門，一路由上而下，把家裡所有的房間、門窗做全面的淨宅、安床與破除內外風水煞。當天晚上，家屬就應驗了法門的奧妙，讓他們不再為失眠而苦。

淨宅過程中，我強烈感受到他們家中凝聚了大量生靈的靈力，是家中所陳列的木雕藝品中所散發出來的。

對年儀式時，菩薩說明樹木亦有生命與靈性

關係人離世屆滿對年，家屬再度邀請我幫忙完成對年合爐所需的典儀。我們安排了適當的良辰吉日，為亡者完成所有的儀式，接著透過心靈感應，讓當事人與家屬之間對話，緩解思念之情。

因為家中陳列的木雕藝品是關係人生前最喜愛的物品，現在他已往生了，而家中的孩子對木雕藝品並沒有特別的喜好，所以希望能夠說服父親將藝品出售給有緣人，解決家裡一直以來空間不足的困擾問題。

關係人答應了家人的請求。

另外菩薩特別轉達，讓全家人了解這次父親罹病最主要的原因，所有有生命的物質都具有靈性，都應該受到尊重，更不應該無故傷害其生命。所謂的生靈，其實包含了動物、植物、昆蟲、生物、細菌等，而樹木就是其中一種，它不單是最長壽的生命體，其實也是最具有靈性的一種。

有些樹種在生長的過程中，會因為某些變化而產生樹瘤，愈特別或靈性愈高的樹種愈容易產生。長有樹瘤的樹種，即便外表枯萎死亡，但只要樹根產生樹瘤的部分沒

有枯死，當樹木重新接觸到水後，這顆外表枯死的樹就會重新發芽生長，所以也有人稱樹瘤是某些樹種的心臟或是重生的種子。但無論是心臟、種子，乃至具有生命的完整全木，我們都應該尊重，何況不論是什麼樹種，在人類的操作下，都是活生生喪失生命的。

我提醒亡者及他的家人，是否注意到這次關係人胰臟旁所長出來的腫瘤，和家中所陳列的樹瘤雕刻藝品有很多相似之處？

關係人前世今生都涉略過樹木，也確實造成很多生靈失去了寶貴的生命，因為我們的無明，加上沒有尊重其他生命的概念，以致造成了許多的悲劇發生。

化解生靈的果報

在上次的機遇中，菩薩最後提示了關係人這次災劫的關鍵，就是因為傷害了生靈所導致的。於是他們家人商量後，希望再一次請求菩薩，幫助化解父親與生靈之間累世的因果。菩薩最終同意了。

於是，我們安排了一個好日子召請相關的菩薩協助。

一般的亡靈是由地藏菩薩指導，而主管生靈的菩薩則是皇天后土，祂是大地之母，領銜著城隍、山神、水神來保護生靈一脈的生存。超渡生靈的方式也異於亡靈，超渡亡靈主要轉借法船，而生靈則借由蓮花和淨水為媒介超渡。

超渡法會的當天，我們準備了鮮花、素果，蓮花蓮燭，淨水等等備品，首先恭迎相關菩薩蒞臨，然後由大地之母領銜，山神、水神接連進入超渡會場。

當天共計超渡1229位生靈，其中三位為樹神，祂們因為轉寄居至樹木為修行地，無端遭砍伐而喪失生命。我把關係人累世對生靈所造成的傷害，清楚向在場所有菩薩與生靈明確報告，並補充說明，關係人前世雖然直接參與伐木生意多年，但第一，他不同於一般的濫墾濫伐，即便伐木時也秉持復育，維持生態平衡；第二，他在自己經營的事業中，每年提撥善款，幫助弱勢；第三點，他善待自己的員工，並嚴格要求尊重無辜的生命，不可隨意傷害！因此，他雖然確實傷害了生靈，但也幫助了生靈，功過相抵。

而這世的部分，他因為個人喜好而收集木材，但均非自己親身參與。是故，第一，採集過程是否涉及傷害生靈性命，因非自己親為，所以無從得知；第二，這世雖有涉及傷害生靈之嫌，但普積善舉，助人無數；第三，他得知自己所犯的錯後，態度誠懇，知錯能改。基於上述理由，他懇請所有受到傷害的生靈以及菩薩們，能夠給予他改過自新的機會。

至此，這群生靈朋友終於受到感動，願意放下恩仇，給他機會，也獲得在場菩薩的認同。

誠心為善，必有善報。

前世的山產店生意糾紛，直到此世仍糾纏當事人

有一位住在山上的太太，多年前因某特殊症狀而開刀，結果開刀後竟然每隔一段時間就會因為同樣的症狀發病送醫。也許是經歷太多次手術的關係，她的免疫系統出現了問題，後來感染由腹腔移轉至右腳，造成嚴重的蜂窩組織炎併發症，嚴重到右腳幾乎截肢。

但是奇怪的是，所有經手治療的醫生都無法明確找到合理的病因，她就這樣不斷發作莫名的症狀，也開始了無止盡的治療與痛苦，不僅痛苦使她生不如死，又讓家產幾乎耗盡，使她覺得人生彷彿被凌遲一般。

後來經由朋友介紹，與請示菩薩同意後，我安排了幫助她處理化解的時間，開啟了塵封已久的複雜因果關係。

生靈與受害者亡靈出現

來到山上，到這位太太的家時，先生已經在門口恭候多時。他引領我進到房內，看太太躺在床上，虛弱又痛苦無力地呻吟著。我可以深深體會到她被疾病折磨得不成人形了。

我們將法會的法壇設在她房間外的客廳，讓她可以清楚聽到法會的所有過程。準備好法會的所有用具後，我們開始依序點上供燭與臥香，召請菩薩到來。

這時，因為山上氣溫驟降，加上突來的山風，讓法會現場格外顯現異常的陰冷與淒涼。我不自覺地拉了一下外套的領子，知道這些怨靈已經到了，這樣的天氣猶如他們在默默訴說心中無數的哀怨與委屈。

多年來被他們屠殺的動物、生靈，皆全數到達法會現場，還有一名受害者亡靈男性，在引導之下，來到了我面前的椅子坐下，我們彼此視線交會，我可以感受到他內心充滿強烈的怨恨。

我壓抑心情，讓自己的氛圍變得柔和一點，以利雙方溝通，然後開口向他說明今天請他來的主要目的：「我們希望能幫助你了解當年你們雙方結下這個因果的真正原因，也希望透過你親身說明，清楚告訴在場協助的所有菩薩們，你曾經經歷過什麼樣的委屈，讓菩薩還你一個公道。」

剎那間，他原本嚴肅怨恨的表情感覺改變了，我知道他暫時放下了，於是說：「請你開始述說當年所受到的委屈吧。」

山產店的糾紛

五世前，他與當事人（也就是這位太太）是同鄉，從小一起長大，又是好朋友。他們居住的大山有著豐富的山林物產資源，他的家族已經經營了二代的山林野味與牲畜的批發生意，一直以來都經營順利。在他接掌家族生意後，他想要再擴大發展，所以邀請了好友入股幫忙。由於當事人家中經濟能力並不富裕，無法提出太多資金參與投資，經協調後，好友同意以象徵性的資金，加上個人的全力投入，再依營運績效比例分配盈餘。

新成立的商行就此正式開幕營運了。

由於二人很努力經營，商行很快就名聲遠播，生意很好，但這位大股東心中漸生獨吞之心，於是開始安排蓄意刁難，逼迫小股東主動放棄離開。小股東忍無可忍，最後乾脆一不做二不休，捲款潛逃，音訊全無，導致商行損失慘重，無法彌補虧損，祖傳三代的事業不得已宣告關門倒閉。大股東無法承受巨大的壓力，憤而投河自盡，但生前的那股怨氣始終揮之不去，糾纏了小股東五世不歇未曾停止。

前世的恩怨其實也是自己造成

在他敘述自己際遇的同一時間，我也翻閱了地府判官所提供的相關罪證資料，而聽了被害人的陳述之後，我把他們二人之間所有恩怨融會貫通，向被害人大股東說：「你指責小股東忘恩負義，其實真正的始作俑者是你自己，因為你看見未來利益無限，又不甘心讓他人分一杯羹，所以先動了歪念，設局陷害自己的好友也是事業功臣，足證利慾薰心、抹滅天良，卻遭反噬。而且小股東是好朋友，得到自己應該的報酬也合情合理，怎可以任意被他人剝奪權益。

再來，你的家族三代以獵捕販售動物、生靈為常業，早已荼毒生命不計其數，罪業深重，倘若不是好朋友無意間阻斷再造殺孽的因緣，給予改過自新懺悔的機會，那麼未來要善後，所要付出的代價是你無法想像的。

而且，在你們都很小的時候，有次相約外出遊玩，你忽然莫名高燒不退，陷入半昏迷狀態，是小股東背著你走了長達50里的路，飛奔回村裡後及時送醫接受治療。倘若沒有小股東當下義無反顧幫忙，當然就不會有後來你的存在了。飲水思源、吃果子拜樹頭，這是天經地義的事情。我希望你可以想一想。」

大股東聽了我的說明之後，頓時沒有說話，陷入沉思，我隱約看見他的眼眶泛紅，夾雜一絲淚痕。他抬起頭，用眼神向我示意，他願意放下了。

我也點頭回應。

同時，現場申冤的生靈們也不約而同向菩薩表示不再追究了！這讓人意外，但還好事情算是解決了。

送走了亡靈與生靈後，菩薩讓我靜靜一個人待在法會現場，回顧剛才的過程，我心中激起層層漣漪。

人性的枷鎖不斷重複在累世過程中一次再一次發生，只有起頭，卻看不到真正終止的那一天，除非有一天我們能覺悟並放下。

林業世家不敬自然，果報才剛開始

台中有一個家族，專門經營造林開墾修整山區的產業道路的行業，也因為用心和努力，所以建立了很好的口碑和財富。

我與這家族結緣，是因為家族中有兩個兄弟需要安奉新的神祇和祖先牌位，於是在好朋友的介紹下，邀請我前去勘宅。

那天，我在他們家人的陪同下完成了現地會勘，也建議兄弟設置廳堂的最佳位置，但在整個勘查的過程中，我隱約之間可以感受到他們家有一股強烈的負面能量，這有可能是數量甚多的往生生靈的靈體聚集而成的。我可以想見，他們開墾時，從頭到尾都沒有特別請示主事神佛菩薩，施做防範未然的步驟。

我離開宅第前，特別跟他們說：「請你們一定要去具有公信力的寺廟，請示菩薩同意辦一場超渡法會，安置這些往生的生靈們，撫平他們的怨念，否則有可能會導致家族遭到全面反噬，後果將會相當嚴重！」

的確，他們兄弟的家人已經陸續罹患疾病，只是目前醫生尚無法確認病因。他們商討後有了共識，再度請我幫他們家族舉辦法會。

經過菩薩的同意後，我們選定了良辰吉日，依約完成所有事情，並另外為他們家族每人準備一份特別的護身符令，以確保他們家人平安順利。

沒想到法會結束之後，我竟然聽到了他們對我莫名攻訐。我當下透過引介的好友轉達正確訊息，希望他們可以適可而止，並一併取消了剩下的步驟，他們也就另請高明接手處理，這件事就此告一段落。

但沒多久，我又接到消息，得悉他們家族對外所包攬的工程均出現了嚴重的公安意外，造成員工死亡，其他招標的工程也相繼出現問題，均需理賠才能夠收尾，不得不陸續出售祖先留下的土地支應賠償金。

我利用晚課的時間，特別請示菩薩，才了解整件事的原委。

這個家族經營林業已經兩代了，目前正在培養第三代，然而他們從第一代就完全憑藉自己的感覺與喜好行事，開墾山林時必須剷除旁邊沒有必要的樹木，而一草一木其實都有生命，而將長年阻塞的堰塞溝渠疏通時，也改變原有的生態，造成生物大量死亡，而且若起非份之心、盜伐稀有林木，造成森林的浩劫，災害就很難再去挽回。

但他們對於受到傷害的那些生靈根本沒有尊重之心，更沒有事先請示徵詢菩薩的同意，完全忽視對生靈所造成的傷害，也沒有任何適切的補救處置措施，所以累積至今，受害者的怨氣已經幾乎到達臨界點。

之前辦法會，並且在法會後特別對家屬個別護持，是是菩薩慈悲為懷，給他們暫時的機會緩解，深恐他們受到果報反撲的傷害，並特別告之要補救。倘若沒有處理，那最近傷亡的對象就會是業主自己本身與家人。而且他們另請的法師，在安奉神佛菩薩與祖先牌位時，其實並沒有處理妥當，也沒有對他們宅第做妥善的防護結界，這給予了怨靈反撲報復的機會。

再來，他們明知自己從事的事業會殃及生命，卻不多行積福佈施，反而貪婪無度、斤斤計較，又不懂得克制口業，終於變成如今情況。

他們不知道，現在所經歷的事情僅只是生靈對他們催討因果業報的開始，當生靈懲罰全部結束之後，接踵而至的將是最嚴重的天理追償。

人必須即時懺悔，對任何生命都需要被尊重與珍惜。

亂開墾山地的人得到山神的懲殺

有戶人家住在台中市東區一座高爾夫球場附近的山區，他們以整理開墾山坡和荒地為主業，另種植竹荀、果園為副業。這原本是正當的工作，只要沒有濫墾濫伐，破壞水土，要維持糊口生活尚有餘。但有一天，這個業主因為家裡最近常常發生莫名的事情，家裡不得安寧，所以請我專程跑一趟去看看到底怎麼了。

在他家門前停好車後，我一下車，就強烈感覺到他們家周遭聚集了很多靈體，祂們是死去的植物、動物、昆蟲、魚類、生物的生靈，一同由一位山神帶領。我勘查路邊一條被砂泥堵塞的水溝，溝裡看見很多已經死去的水生生物，發出令人作嘔的氣味，我當場請示山神：「這是誰做的？」

祂指著對面的屋宅說：「就是房子的主人所做的，因為他私自想要拓寬他家前庭的空地，所以把附近的樹林、竹林、草叢，砂石、泥土都堆滿下方溝渠旁邊的空地，阻塞了溝渠的水流，殘害原本茂盛、興旺的樹木、竹林和翠綠的草叢，也導致水裡水生生物大量死亡！他已經是累犯，很讓我困擾，希望能請你和他溝通改善，不要再殘害生命了！」

我告訴山神：「我等等會跟他碰面，我會再好言相勸，請他改進。」

山神滿臉怒氣，帶著這些生靈的魂魄離開了。

我走到對面的房子，看到業主正走出門口，一看到我，立刻請我進客廳，告訴我最近家裡發生的怪事。等他說完後，我問他：「為什麼你要把家宅附近的土地施工整地？因為原本的樹木、竹林、植被、土壤都被剷除掉了，導致水溝阻塞，似乎死了很多水生生物。」

他說：「我要開墾出空間，放置工程機具。」

我告訴他：「但萬物皆有靈，我們應該尊重一下其他生物的生存權利，倘若要開發，也應該低度適切，降低對他們的傷害才對。」

這時，他面露一些不悅的表情。我再告訴他：「最近你們家所發生種種怪事，主要原因就是你們過度開發山林地，又沒有預先安排妥當，更沒有尊重地頭管轄的神祇，這樣後面容易發生嚴重的後遺症，甚至會發生不可彌補的後果，趁著還來得及，趕緊恢復環境吧。」

他已經顯露不想再聽勸的態度，此時我也不再有意願幫他處理，便即刻告辭，開了車直接下山。

一周後，嚴重的事情發生了。

他姊姊來了一通電話，稱昨天弟弟在山上發生意外，被自己開的怪手壓死了。檢察官、警方、家人檢視現場情況，都無法找到明確原因，只能用不明原因操作機具失控的理由結案。他們家再度請我到山上的家去查清楚。

三天後我依約前往現場，先在他家的後山上召請山神、土地公和地基主。這時，山神帶著我去看山上一顆百年香樟樹，原本這顆樟木就是山神平時依附的住所，俗稱山神居，居然被這位人家盜採毀掉。祂再帶我到附近，去觀察亡者生前到底傷害了多少生靈生命，只能用不可勝數來形容！

山神說：「我忍無可忍，最後才忍痛決定要嚴厲制止他的行為，否則將來又不知道會有多少生靈塗炭！」

其他在場的土地公、地基主都願意證明山神的說法是正確的。

勘查完後，我回到他家，一一告訴家屬原因，並且要求家屬在七七之前由家屬代表召喚亡者，請菩薩主持一場超渡生靈法會，並要亡者在菩薩面前向山神及所有往生生靈真心懺悔，求得原諒，否則報應將不會停止。

這嚇壞了在場的所有親人。

我轉達完之後，沒有停留就直接下山，留下時間讓他們家家人去商量。

但因為他們家裡的親人沒有很強烈意願，也沒有能力支援兄弟家辦法會，亡者留下來的兩個孩子目前以來也都沒有正職工作，所以也無力負擔。我原本還想免費幫忙處理，但是家人的意見及觀念有偏差，所以打消了幫忙的念頭，由他們自己去面對。

宇宙萬物皆有靈，我們都必須要尊重和珍惜，殘害生命就必須付出應有的代價。

附錄2 阿鼻地獄介紹

在很多宗教圖文中，我們常常看見、聽見「十八層阿鼻地獄」。其實，為了容納為數眾多的受刑人，地府規劃一大塊區域，再把它區分成十八個區域，每個區域都是採取個別獨立作業的方式管理運作，所以它是一整個平面的區域，而不是上下十八層。

在這十八間大地獄中，每一間大地獄又由十六間中地獄組成，而每一間中地獄再由三十二間小地獄組合而成！所以阿鼻地獄總共是由18間大地獄、288間中地獄、9216間小地獄，共同組合成完整的「阿鼻地獄」，刑罰總共有9216種。

當人類犯下了滔天的罪行，嚴重已經達到無法教化的程度，地府會判決將其送到阿鼻地獄或是無間地獄執行懲罰，連帶一併取消受刑人任何再度投胎轉世的機會。一旦判決確定，會有一名將軍和兩名獄吏，將受刑人戴上頭銬、手銬、腳鐐，直接押赴阿鼻地獄。

到阿鼻地獄後，首先由主管執行的菩薩驗明正身，再交由獄吏淨除受刑人身上所有的衣物，光溜一身送入刑場，開始接受連續共計９２１６種刑罰，當所有的刑罰全部執行結束之後，隨即準備再次接受第二輪重覆的刑罰，不會停止。

這裡簡介一些阿鼻地獄的刑罰。有些有繪製圖片，而沒有的部分則以示意圖表示。

炮烙地獄

專司嚴懲具有絕對權力卻圖利自己、草菅人命的人。刑場之內設有各式各樣以厚實的鋼板製成的烙爐，有圓柱型、方型、三角型、各種折疊形狀等各異的五、六十種烙爐，爐內放滿炙紅的焦炭，把烙爐的表面燒得通紅。

每批受刑人數約60人，每一位受刑人都會由兩位獄吏從左右兩邊緊扣雙手，讓他緊貼烙爐，用抱、坐、站、躺或臥等各種姿勢，讓炙紅的鋼板將受刑人的皮肉骨被炮烙至熟透、焦黑、甚至整個軀體完全酥化為止。

行刑完畢後，獄吏會清除刑場回復到原本的樣子，然後等待再接收下一批的受刑人執行刑罰。

炮烙地獄示意圖（局部放大）

車裂地獄

專司嚴懲殺孽過重、嗜殺成性、毫無憐憫之心的人。把受刑人以50人為一單位，束縛在劃分好的平台上，平台上釘滿了七吋長釘，每一位受刑人都會由兩位獄吏押解上釘臺，取中間適當位置，將受刑人推倒於釘板上，七吋長釘會立刻戳穿受刑人的全身。

這時，獄吏會以鍊條緊緊纏住受刑人的頭、雙手、雙腳，於釘板上呈大字型，再啟動五個方向的絞鍊，以平均加壓的方式，逐步絞緊受刑人的頭、雙手、雙腳，將軀體全部撕裂成一塊一塊的屍塊，直到屍塊的血液流乾，再清除所有的屍塊。

車裂地獄示意圖
（局部放大）

鐵鍋鋼珠地獄

專司嚴懲無法無天、無惡不做、屢犯不聽、毫無悔意的惡徒。此地獄有一具巨大的鍋子，高約3.5公尺，鍋邊呈現斷面斜角，面積約45平方公尺寬，鍋底裝一具有八片鋒利鋼刀的旋轉絞盤，再鋪上厚厚一層堅硬的小鋼珠，數量足以將受刑人全身掩埋。獄吏押解一批共計50人的受刑人進入大鋼鍋後，鍋子外會開始點燃爐火，大鍋內層的鋼刀葉片感應到熱度時，就會開始緩緩啟動旋轉，翻炒鍋內的鋼珠，溫度愈高，

十殿圖中最類似的懲罰：
石磨地獄

鍋內翻炒的速度就愈快，大鍋和鍋內的小鋼珠也不斷被加熱，受刑人猶如被置身在巨大的炒鍋中翻炒著，皮肉骨被燙熟、酥化、焦黑、最後脆解成灰燼。

之後，大鍋會逐漸停止轉動，冷卻下來，獄吏打開大鍋底座的閘口，倒出集中的屍灰，再度關上閘門，準備再下一次的行刑。

消失地獄

專司嚴懲販賣武器、毒品、設詐術奪人錢財財產、毒害他人身心與健康為常業者。獄吏會使喚一批60人的受刑人進入刑場中的池塘，要求受刑人每10人排成一排，跨越水池到距離約100公尺之外的池塘另一頭才可以上岸。

消失地獄示意圖

由岸上看著池塘，除了水質稍顯幽暗，看不出有什麼異狀。

剛下水的受刑人只有稍微有感覺身軀輕微的刺痛，加上水面反光，所以看不見自己的身體在水面下有什麼變化。但是當他們愈向前移動，刺痛感就愈加嚴重，由身體局部區域逐漸蔓延至全身，而池水也會愈來愈深，漸漸淹沒整個身體。

這時，他們會因為本能反應而主動舉起雙手，卻發現脖子、肩膀、雙手到手指頭所有的肌肉早已經不見，僅剩下乾乾淨淨的白骨。當頭部被池水淹沒，之後再出水時，頭部也會僅剩下白白的腦殼，再向前到對岸的淺水區時，身軀到腳底板也是一樣，皮、肉和臟器完全消失不見，受刑人會發現自已全身只剩下一具空盪盪的白骨。

此刻，水中飄浮許多小刀片般的東西，就是刮除掉他們身上皮、肉、臟器的原兇。

沉默地獄

專司嚴懲對父母不孝、對家人、朋友不忠不義、設計陷害他人陷入絕境之人。此刑場是一枚很大的鐵盆，面積有五十平方公尺，可以一次容納兩、三百人，高度是2

公尺，盆內裝滿清澈潔淨的水。獄吏會把60位受刑人趕入大盆中，然後倒入一瓶味道奇香無比的香水，讓緊張燥動的受刑人安靜下來，也慢慢失去知覺，飄浮在水上沉睡過去。

接著，獄吏會開啟盆底的爐火，以最小的微火慢慢燒這盆水，一個小時過去後，獄吏會用手指頭檢查盆內的水溫是否不變，而盆內的受刑人依舊陷入沉睡。

接著，獄吏會把大盆的蓋子蓋上，等二十四小時後，重新打開盆蓋，再重新測量水溫，結果溫度不變，但沉睡在盆裡的60位受刑人卻早已經被這盆冷香水全部煮熟，但他們完全不知道自己身亡了。

十殿圖中最類似的懲罰：油鍋地獄

脫胎換骨地獄

專司懲戒頑固不寧、寧頑不化、死不認錯、不知悔改的頑劣份子。刑場是一座很大的水池，區分成兩個部分，前半部水池的水是帶深藍色的顏色，受刑人進入水池後，身上的髒東西會全部被洗得乾淨潔白，連原有的膚色也會洗得變白變薄，血管會透晰出血液的顏色到皮膚表層，使皮膚變成白裡透紅的顏色。

接著，受刑人會進入後半部的水池，平躺下來，飄浮在水面上，水裡會突然湧出大量水蛭，輕輕吸附在受刑人的身上，之後使勁吸食受刑人身上的鮮血。吸飽的水蛭會鬆口沉入池底休息，尚未吸食或還

十殿圖中最類似的懲罰：血污銅蛇地獄

未吸飽的就接著吸食到滿足為止。待受刑人身上的鮮血都被吸食殆盡，受刑人就會變成如一張純白、呈現皺摺的紙張，乾乾癟癟地飄在水上。

接著，獄吏會使用勾子，把他們一張張勾起來，曬乾後捆綁存放在倉庫內，提供餵食給生靈界的魂魄。

洗心革面地獄

專司懲戒連續觸犯三件以上重罪者：獄吏會把受刑人一梯次共60位人犯帶至刑場，用鐵鍊固定頭部和四肢，再將受刑人頭髮全部剃除乾淨，然後以銳利的刀片在受刑人的頭頂上切開一個X字型的傷口，把水銀注入

十殿圖中類似懲罰：鋸腦地獄

傷口縫隙。因為水銀的比重很重，它會順勢流入皮膚與肌肉之間的空隙並撐開，獄吏會執行到整副身體的皮膚和肌肉完全脫離為止，而受刑人會在這過程中不斷受苦，哀嚎嘶吼，直到獄吏把受刑人拖離刑場。

煙消雲散地獄

專司懲戒貪得無厭、心地惡劣、經常誣陷他人且毫無悔改意願的人。此刑場是一座很大的圓形水池，一次可以容納上百人，水池深度約在兩公尺左右。獄吏會把受刑人趕入乾的大水池，讓全部受刑人坐在水池內。

這時，出水口會湧出清涼無比的冷泉，使受刑人沉溺在涼爽的氛圍中，同時另外一

煙消雲散地獄示意圖

個出水口會湧出淡粉紅色的液體，奇香無比，讓受刑人接連失去知覺，昏睡過去。

當這兩種液體完全混合時，所有受刑人的軀體會逐漸融化在水池裡，直到消失無蹤。

刮骨抽筋地獄

專司嚴懲敲詐、剝削、掠奪他人財產為常業的人。刑場內設有口字型鐵欄桿多座，受刑人數一組為50人，由獄吏以鐵鍊將人犯的頭、手、腳固定在鐵欄桿上成大字型，再由獄吏拿特別銳利的小刀，依序切斷受刑人從頭到腳的主要筋絡源頭和尾端，再用虎頭鉗將整條完整的筋絡由身體中強行抽出。

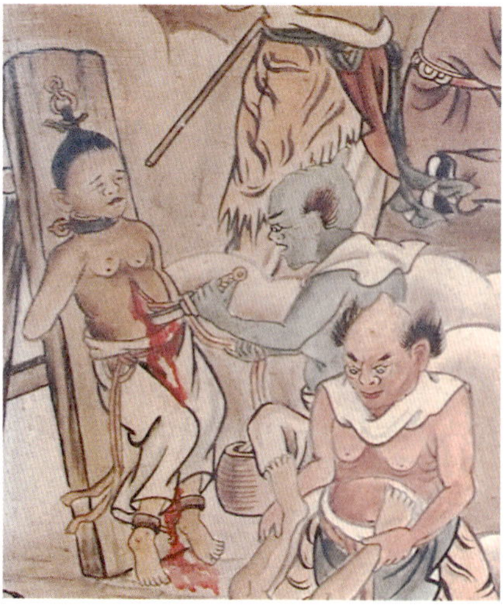

十殿圖中的類似場景
（局部放大）

接著再切開手腳的皮膚和肌肉，露出完整的手骨和腿骨，用刮骨鋼刀開始刮除骨頭的表面骨質，直到骨髓的部分完全顯露出來，才停止刮骨的動作。

整個刑場會充斥著痛苦不絕的哀嚎，直到受刑人聲嘶力竭，喪命為止。

淨口地獄

專司嚴懲善於利用詐術、信口雌黃、騙取他人財物、毀人名節、造謠生事、屢犯不知悔改者。每次受刑的罪受刑人數有六十位，每一位受刑人的前面都放著一枚又大又厚的鋼瓶，每枚鋼瓶內裝滿了炙熱無比的鐵漿，底下有一座燃燒的焦煤爐，爐內的烈焰

十殿圖中類似懲罰：
拔舌地獄

溫度超過1500度，用來加熱鋼瓶內的鐵漿使其不斷沸騰。鋼瓶底座還有圓型的輪軸來支撐。每枚鋼瓶的兩邊各站著一位獄吏控制鋼瓶，傾倒鐵漿。

待受刑人全部就定位後，獄吏首先把受刑人的頭固定在鐵架上，並由鐵製鐽具撐開受刑人的口部，保持開口狀態。等一聲令下，所有的獄吏會統一將炙熱的鐵漿緩緩的倒入受刑人的口部，直到的口腔、食道、胃腸、體內臟器全數熟透、焦黑、乾裂，崩解成碎屑，接著整個人的身軀跟著焦化，化成灰燼！

壞心腸地獄

此刑場排列100床加大的鐵床，鐵床上下焊滿扣環，扣環上繫上堅固的動物筋索，每床兩邊各站一位獄吏，皆配發銳利無比的利刃。一聲令下，100位光溜溜的受刑人全數平躺在鐵床上，由兩位獄吏用筋索牢牢捆綁住受刑人的頭、雙手、雙腳。指揮者一下令，獄吏就拿出鋒利無

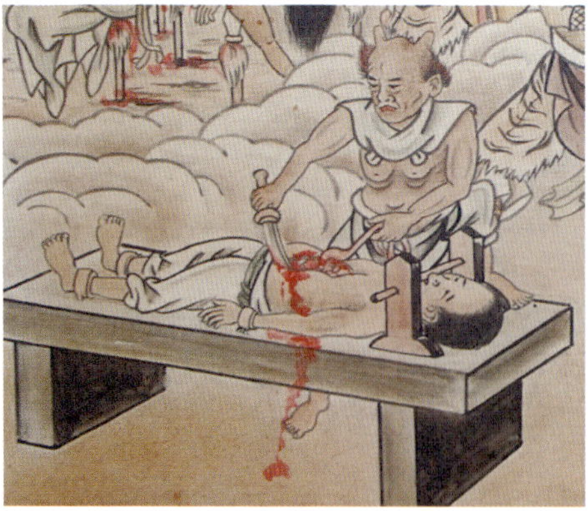

壞心腸地獄在十殿圖中的類似場景

比的利刃，將受刑人從胸口中間一刀剖開，首先拿出心臟、接著把體內的臟器接連解剖取出，直到身軀內所有的臟器清除乾淨，獨獨留下空盪盪的身軀。

永無止境地獄

專司嚴懲罪大惡極、無惡不作、泯滅人性的可惡之徒。受刑犯每50個排列一排，依序站在懸崖的邊緣，一聲令下，獄吏會依序把受刑人逐一推落到懸崖下面，每梯次間隔五分鐘。當受刑人落下懸崖後，只聽到他們聲撕力竭的吼叫聲，隨著落下的距離愈長，聲音愈來愈小、愈來愈遠。

被推落的受刑人從不知道懸崖到底有多深，因為所有從懸崖跌落的人幾乎在一半時就已經嚇到死去。獄吏估計，從懸崖落到谷底大約的時間是三個半小時左右，谷底的獄吏會回收跌落崖底

永無止盡地獄示意圖

受刑人的屍首。

以上僅僅列舉阿鼻地獄９２１６種刑罰當中的12種，讓大家初步了解阿鼻地獄刑罰令人恐懼的程度，也提醒世人作惡多端的下場。但是，對於不相信天理因果和無明的人來說，恐怕沒什麼意義，因為天理的本質原本就是善度有緣人，世間人性原本就善惡有別，差異極大，有緣之人居於少數，為惡的無緣之人本就不勝枚舉！

現今人類貪婪無度的慾望不但傷害地球其他生命，還因慾望無限擴張，利益衝突，讓人類各方互相威脅。未來的日子，我們都將親眼目睹更嚴重的天災人禍，直到剩下寥寥無幾的生命，不會再度對地球產生潛在威脅。

最後在地球上僥倖存活的人，肯定是平時就樂善佈施、廣結善緣的好人。

三、你想像不到的因果來由

器官移植使男孩莫名捲入因緣的烽火

我有一位朋友住在高雄市，他有個弟弟，出生時就有心臟功能不全的情況，常常到醫院治療，但心臟機能還是每況愈下。他申請換心手術，但等待許久，一直沒等到機會，身體愈來愈不健康，送醫頻率愈來愈高。

就在絕望之時，傳來了一個好消息，一位四十多歲的男性因為車禍傷重性命垂危，家人商量後，決定放棄治療，捐贈器官遺愛人間，更幸運的是，友人的弟弟得到機會。除了他之外，還有兩位病患也獲得了其他器官的捐贈。一個人犧牲了自己，換回三個陌生人的生命，欣喜和無限的感恩深深刻印在這三位獲救者的心中。

進行受贈、調整治療後，這位弟弟的情況改善了很多，三個月後終於可以安心出院，回家休養，之後穩定平安的度過了五年。

弟弟開始出現反常舉動，求助玄學老師

只是，不知道從什麼時候，家人開始發現弟弟偶爾有些反常的舉動，起先並不在意，但是隨著次數的增加，哥哥才親口詢問弟弟：「發生了什麼事？」

弟弟怕家人擔憂，在不斷追問下，才偷偷向哥哥說：「我換心臟出院六個月之後，有一天我忽然發現，體內竟然多了一個完全不認識的人。他生活在我的身體裡面，並曾經多次想要取我的性命。」

這番話震驚了哥哥，於是他們很快的求助了醫師，安排一系列檢查，包括檢查精神狀態，卻找不到任何蛛絲馬跡。但狀況一再發生，他們不得不改向玄學老師求助化解，卻沒效果，他弟弟變得情況糟糕又沮喪。

有一天晚上，在我就寢前，我接到了這位朋友的電話。他希望我可以幫助他弟弟找出原因，並且化解這些問題。

於是我安排了時間去高雄，會面前一天，在晚修的時間，菩薩把他弟弟事情的前因後果如實告訴我，並提示我處理的方法和準備的東西。

第二天早上十點鐘，我依約準時到達他們家，我朋友也準時等候在家門口。

走進他家門的剎那，我突然感覺到一股很強烈的怨氣對我直衝而來。我及時閃避，回頭想尋找蹤跡，卻已不見蹤影。

我決定不動聲色，在客廳裡坐下來。

朋友到弟弟的房門口喊了一聲：「弟弟，劉老師來了。」然後回來坐在我旁邊，再把這段時間弟弟的遭遇詳實告訴我。

過了一段時間，我才看到他弟弟緩慢從房間走出，看來精神很差。

我向弟弟比了手勢，「請你坐在我的左側座位上。」

在他尚未啟口說話時，我就先以咒語法門，對他身上的外靈施以定靈術，約束了它的行動。

此時，隨行的菩薩也全部進到了客廳，祂們把接下來要處理的事情全部交給我。

我唸誦咒語，召喚出這位附身在弟弟身上的亡靈，並請他坐在我的對面的沙發椅。

他是個男生，年齡約在四十歲上下，脖子接近頭部的位置有個大傷口，似乎曾經發生過嚴重的骨折或斷裂，也是他當時往生時的致命傷。

於是我開始問：「當事人和你非親非故，你們之間也沒有任何的因果仇恨，為什麼還要糾纏傷害他？」

亡靈說：「跟我有恩怨的是捐心臟的亡者，我前世跟他並沒有任何的過節或恩怨，卻無端遭受他屢次迫害，他欺騙了我，毀了我的家庭，我的事業，更殺害了我的生命！雖然這世他發生了嚴重的車禍，他的家人決定幫他來捐贈器官，藉此抵消掉他生前與前世所造的惡業，但我心有不甘，不徹底毀了他，實在難消心頭之恨！倘若可以，我願意放棄投胎轉世的機會，糾纏他到生生世世，讓他永遠不得安寧！」

我趕緊安撫他，並請地府的判官提供相關人的資料與證據以供考證，很快就拿到了生死簿。我開始仔細了解、核對事情的來龍去脈。

生意的怨恨，也是前世因果而起

亡者說：「我和那位器官捐贈者前一世是朋友，二人合作投資生意，賺了不少錢。然而因為我投資的金額較多，所以得到回報的報酬也高於他，所以投資生意做得愈久，我就賺得愈多，於是激起了他的貪婪慾念。他就開始設局陷害，意圖殺人滅口、奪取我的全部財產。

但在我疏忽之下，我逐漸陷入了他的陷阱當中。他不但掠奪了我所有的財產，殺害了我的生命，讓我身首異處，就連我無辜的家人也無法倖免於難，全部身首異處，無法留下全屍，並棄屍荒郊野嶺，讓野獸吞噬殆盡。他這樣做的其中的一個意圖，就是讓我們無法去申冤報仇，更無緣投胎轉世！」

接下來，他看向菩薩，「我心中強烈的怨念直接影響到受捐贈者，實非故意，確有為難之處，今天有幸見到菩薩，懇請菩薩查明原由，讓我無辜受害的全家人都能夠得到天理公道！」

我告訴他：「今天有這個機會，印證了天理昭彰，報應不爽，菩薩必定會還你們公道的。但是你與他前一世的結果，是因為你三世之前所鑄下的惡因。

三世前你是個獵人，造下了太多太重的殺業，曾經屠殺了一整群野狼的家族，甚至連剛出生的狼仔全部屠殺殆盡，只為了獲取一小塊狼皮。不但造成狼靈想要報復，更引起了管理生靈的山神們的眾怒，最後導致這樣的後果。而前世你受害的家人，也是三世之前跟你一起手刃屠殺這些生靈的獵班人馬，所以無一倖免。」

我遞過生死簿給他過目，這時他驚訝萬分，跪倒在地上，淚流滿面，半天說不出話來。我見狀，決定不再說話。

然後他重新站起來，向我朋友的弟弟跪下嗑了三個頭，再轉身向菩薩行了大禮認錯，「請原諒我過去犯過的錯！」

我回應他：「知錯能改，善莫大焉，一切都還來得及彌補的！」

我示意現場地府的將軍，將亡靈引導回地府，迅速處理！

接著我告訴朋友及他的弟弟：「現在所有事情的真相都已經水落石出了！以後不會再有問題了。」並提醒他的弟弟：「這次你遭遇災劫，代表你的前世所做所為其實是處於危險的邊緣，必須在爾後的日子裡多修德，佈施積善，修行這種東西莫到用時方恨少，切記！」

這也是我想和大家說的話。

護理師身體痛，原是前世殺師兄的報應

有一位38歲的護士，在她24歲時，就突然發現自己身體健康亮起紅燈，尤其筋骨、關節莫名錯位、腫脹又疼痛，而且免疫系統也變差，全身皮膚、口腔出現許多異常刺痛的泡疹，狀況嚴重到讓他不良於行，經常需要住院治療，不得已辭退了護理師的工作。

十多年來，她遍訪名醫，也去各地寺廟，請求神佛菩薩幫助，但是都沒有改善病情。他已經花光自己所有的積蓄，必須靠親人、朋友接濟目前的生活。

前些日子，他透過有緣朋友介紹，聯繫上我，懇求幫助。經過正式焚香請示，菩薩賜予連續三個聖筊，待我見到這位朋友，了解查明原因後，菩薩允諾同意幫她辦因果法會化解恩怨。

法會那天，有一名僧人亡靈隨著地府將軍前來，充滿怨念。

我翻查地府將軍的生死簿，才查到她六世前是一位剃度出家的高僧，在西安一間佛寺修行。佛寺住持很器重她與師兄二人，希望在他退休之時，能夠選出一個來接掌寺務，讓寺廟發揚光大。

但這種下師兄弟二人爭位的因果，師弟也逐漸開始積極在眾人面前公開爭取住持大位，反觀其師兄態度並不積極，反而鼓勵師弟要努力爭取。

有一天，住持師父要師兄弟二人到寺後山上採收藥材，以供醫護院內醫療之用，兩人一同上山。午休時，師弟詢問師兄對爭取住持一職的態度，因為師兄並沒有太高意願，加上採藥勞累不願搭腔，引起師弟怒火中燒，兩人起了爭執，師弟突然失手推了師兄一把，害他跌落在千里深淵的河床上，奄奄一息。

但師弟這時竟然邪念一起，自行返回寺中。住持見他回寺，便詢問：「你師兄去哪裡了？」

他便說：「我們兩人為能找到更多藥材，所以出寺後就分兩路分開找尋，並約定日落前回寺，所以我不清楚師兄的行蹤。」

因為此時已經接近日落，住持就發動搜山，經一夜搜尋，終於在清晨時分，於溪底河床找到氣絕多時的師兄遺體。

由於沒有人懷疑事情經過，寺裡辦完師兄的後事之後，住持的位置就正式傳位給師弟，師父也提前正式退休。

然而，師弟不知道，在他如願以償之後，接下來六世因果的糾纏會讓他生不如死，後悔莫及。

當事人在了解整個過程之後，終於了解自己內心及肉體所經歷的所有感受，就是自己師兄所經歷的痛，當場跪地，失聲痛哭。

菩薩也勸化師兄：「放下執著，原諒師弟，乘化成佛吧。」

還好法會結束後，在醫療的幫助下，當事人身上免疫系統及筋骨關節的疼痛也逐漸恢復。

希望大家都能記得，要多做好事，累積福報，不要因為一時邪念心起，造成嚴重的後果。

前世自殺的人轉世投胎成貓，陪伴人類18年

有一天，有個女生發現家裡車庫的紙箱內突然多出一窩小貓，雖然她幫忙照顧這些小貓，但他們的貓媽媽都沒有回來。不得已的情況下，她通知鄰居好友，替小貓們尋找飼主。

有五隻小貓很快就找到主人了，就剩下最後一隻貓妹妹就沒有人認養，她在不得已的情況下，就收養了這隻小貓，她的家人們也把牠當成家人一樣照顧，畢竟俗語說：「狗來富，貓來貴」嘛。

他們家幫貓咪取名叫「哈咪」，之後十八年，這隻貓就在他們家生活了。

哈咪跟一般的貓不太一樣，個性獨來獨往，都在二樓的陽台自己睡覺，且很顧家，大部分時間都窩在一樓客廳的窗臺上，隨時注意來往的行人、車輛。當有人來訪時，牠就會跑去告訴主人，如果主人交代等一下有哈咪喜歡的朋友要來，牠就會趴在

窗台，等客人到時先通知主人，然後再跑去門口迎接客人。

牠每天會定時叫主人起床及睡覺，如果碰到主人今天休假在家，就會等到主人起床時才會到主人床邊。晚上就寢前，牠一定會陪伴主人檢查家裡所有的門窗、水電、瓦斯，接著才會看著主人上床就寢，之後再到二樓陽臺的床上睡覺。

沒多久前，我接到主人電話，說：哈咪生病嚴重，送院治療了。我告訴主人，我知道牠的生命將屆，要他們心裡有所準備。三天後，哈咪在沒有進食、喝水的情況下，在半睡眠狀態下離世了。

他們家人出於不忍，希望能請我向菩薩請求，幫助哈咪來世投胎做人。我要求他們必須請求五位菩薩，其中一位連續賜予連續三個聖筊，才可以辦法會，召請相關主管菩薩聯合審議，經過全數在場菩薩決議通過，才可以恭請地藏菩薩裁示。

接著，他們家人向釋迦牟尼佛、千手觀音、地藏菩薩、玉皇大帝、城隍爺求聖筊，其中有一尊菩薩連續三個聖筊同意，於是三天後，我們按時舉行法會，恭請所有主管菩薩到場。

我從地府文武判官手上收到哈咪的生死簿，打開翻閱，才知道牠其中一世前世曾經為人，但那一世因為一時想不開，投河自盡，而觸犯不尊重生命的嚴重天律，因此投胎輪迴七世重覆同樣的自盡方式，最後被打入畜生道，永世不得投胎做人。

牠在投胎做貓之前，已經做過一世羊，更令人訝異的是，牠前世為羊的時候，還曾救助失足溺水的主人生命。

我繼續細察，又發現牠在自盡的那一世時，在去世前，曾把自己的資產無條件捐贈給一間佛寺。

我發覺這兩件義舉足以作為爭取諒解的籌碼，於是趕緊向菩薩提出，再加上牠本世為貓時，照顧主人全家，沒功勞也有苦勞，以此三件事換取讓哈咪重新投胎為人的機會。

在場所有菩薩聽完我的言論後，也相當認同我的講法，決定再給予牠一次有條件的投胎轉世：當牠重新投胎轉世為人後，必須勸化三位想要自盡的眾生，讓對方打消尋短的意圖。

我和貓主人一家不禁掉淚，感到感恩及感動。

當天晚上，小貓哈咪託夢給全家人，感謝他們的救命和照顧之恩。

目前，主人把牠的骨灰葬在花盆內，並特別挑選一株桂花樹種植其中，放在牠生前睡覺的老窩上。

接受他人器官與血液，也可能造成新的因果業障

每個人都有自己的果報，不論是好壞，當事人都必須自己承擔所有責任，別人無法代為承受。

不過，果報影響的是當事人的身體，而如果我們體內有了他人的一部分，那我們會受到他人果報的影響嗎？

換句話說，如果我們接受了別人捐贈的器官或輸血，甚至是接受器官買賣的器官，對我們是否有影響？

答案是：確實有影響。

每個人的生命特質都是獨一無二的，比如脾氣、個性、執著都是因人而異，自然也會造就不一樣的因果，而這些因果特質也會融入我們身體所有的部位。

我是少數會到醫院直接幫助受助者化解災厄的人，在我數十年幫助他人的歷程中，我親眼目睹病人接受器官移植或輸血後所，產生了各種特殊症狀。這裡分享幾個案例：

1. 女性，58歲，接受腎臟移植：她接受腎臟移植後，陸續感染以前從沒發生過的疾病，病情嚴重到讓她不斷進出加護病房，直到我透過靈學方式，發現她身上具有非她自身造成的因果果報，才根據原因來化解，救回了她的生命。
2. 男性，55歲，接受腎臟移植：他接受腎臟移植後，經過醫院連續追蹤檢查半年，確認復原良好，暫停追蹤檢查，結果暫停後的第二周突然毫無徵兆地腎臟衰竭，後來只能把好不容易移植的腎臟摘除來保命。
3. 男性，64歲，接受輸血：這位男性因為腎功能不足影響造血功能，需要定期輸血，但輸入的血漿非來自單一對象，所以輸血後，身體經常產生異狀，住院治療卻找不出原因。後來，他改以自己同血型的親人來輸血，就沒有再發生類似情形。
4. 女性，40歲，接受輸血：這位女性因為外傷失血過多，送院輸血治療，出院後，身體產生異常，醫院卻找不出原因。

這幾位人士在身體因移植器官或輸血而異常後，經靈學方式治療，化解因果，情況就解除了。其實我經歷的案例不只有上述四件，只是想透過案例分享，提醒我們在接受重大醫療前需慎重考慮，特別注意。

有錢人爲何不快樂？壓力源自自性業的執著

不久之前，有一位家屬請我到市區一家頗具規模的醫院，進入ＶＩＰ病房，幫助一位住院的男士審視病情。

能夠住進這間高檔病房，表示這位男子不僅身價富貴，身分跟家世還相當顯赫。

我和當事人及家屬結束會晤後，私下和家屬說明當事人大概會離世的時間點。時候一到，當事人也如預期離世了。不論生前有過多少金錢與權勢，在他離開時，這一切都將灰飛湮滅。

從見面開始到談話結束，過程不過30分鐘，但我深深在他們身上體會到四個感覺：

1. 人真的極度恐懼死亡的陰影。

2. 只要是人，不可能逃得過死亡。

3. 在真正面臨死亡的時候，人才會了解自己多麼無知，也才能真正體會生命的無價，人性的善變。

4. 當事人私下告訴我，他這輩子雖然過得很富裕，很有成就，卻從來沒有感受過是「真正的快樂」。

一個事業有成、生活富裕、子女滿堂的人，竟然一輩子都未曾體會過心靈的快樂？但其實不只是他，當今社會有錢有勢的人多半有類似的情況，因為很多人不懂得為自己找到的真正的幸福和快樂。當人有錢後，就沒有能信賴的朋友了，至親之間的感情也變質，健康又大不如前。所以前人的智慧有句諺語：舉凡玩物者必喪志，擁有的物質過多或是不及，不如適可而止。

其實，追求理想或是自己想要的未來，並不是一昧盲目追求就好，而是必須以智慧來規劃、判斷和拿捏，所以很多人好不容易實現自己的夢想時，才發現自己追求的並不是真正想要的東西，或是來不及享受成果，只能空歡喜一場。所以很多人活得不快樂，富裕又有成就的人也不快樂。

要正確追求實現，就必須重新探討回到人性的本質，專注在自性業的「五害」：貪念、嗔恨、癡妄傲慢、懷疑，以及我執。

只要自己願意放下，並心存慈悲，與人為善；修德積福，樂於佈施；已所不欲，勿施於人；清心寡欲，隨遇而安，如此便能心無罣礙，讓自己發自內心快樂。

附錄3

無間地獄介紹

佛教經典常提到，地府有閻王殿、阿鼻地獄、無間地獄，不過除了十殿和阿鼻地獄有比較清楚的敘述，無間地獄多半輕描淡寫輕輕帶過，所以大部分人都對無間地獄的了解有限。

先說阿鼻地獄，大家很清楚阿鼻地獄的恐怖和殘忍，阿鼻地獄中所謂的十八層地獄，其實就是在不同地方施刑十八種刑罰，但無間地獄恐佈可怕的程度比阿鼻地獄更上百倍。

要比喻無間地獄的恐怖，可以先從視覺開始，俗語說眼見為憑，但最可怕的恐怖，是眼前的一切完全不明，你看不到、聽不到、摸不到、聞不到、感覺不到，就連用想像的都不行，這是怎樣的感覺，怎樣的地方，怎樣的世界？

這就是無間地獄，它有12種刑罰。因為在其中服刑的受刑人都是被判定為無教化可能，所以其刑期都是遙遙無期，每一輪12種刑罰結束後，會重新開始，生生世世永無止盡，直到魂飛魄散為止。

由於無間地獄刑罰令人膽顫心驚，所以菩薩只同意讓我介紹前面的六種無間地獄（後六種暫時不公佈），提供世人警惕引以為戒。

第一種刑罰

第一種刑罰，受刑人必須帶著眼罩及刑鐐，彎腰進入一個水位及腰的空間，接下

第一種刑罰示意圖

來才能脫下眼罩，但此時入口已經被巨大的石牆封閉，眼前只有伸手不見五指的黑暗，且彎腰進入空間後，空間完全沒變高，人在背部頂著天花板的情況下，水面和臉齊高，無法呼吸，必須面朝上，彎腰微蹲才能喘氣，但這種姿勢相當費力，一旦無力而跪下，口鼻就會被水淹沒。此外，就算能喘氣，空氣也相當惡臭，氧氣稀薄，你還能感受到旁邊似乎還有其他受刑人，卻無法知道對方是生是死，直到在這空間溺斃窒息為止。

第二種刑罰

第二種刑罰，是受刑人會被獄吏帶至濃

第二種刑罰示意圖

霧籠罩的吊橋，並被要求通過。受刑人看不到吊橋的全景，只能見到眼前四周僅約30公分的距離，所以必須用手扶著腐舊的繩索，踏著搖搖欲墜的朽木橋面，緩緩向前移動。走到吊橋中間後，獄吏就會退出吊橋，留下受刑人在原地。

這時山谷中的強風會吹散濃霧，讓受刑人看到自己懸在萬丈深淵的山谷之中間，只剩下前後不到十米的吊橋可走，但此處氣候瞬息萬變，時風、時雨、時雷電交加、時熱、時冷，使枯朽的吊橋難以往前走，且橋的結構與橋面隨之逐漸腐化崩裂，受刑人完全無法改變現況，只能眼睜睜看著自己墜入萬丈深淵。當這批受刑人落谷身亡後，會如數移轉至下一站牢房。

第三種刑罰

第三種刑罰，是獄吏會划小船，載受刑人來到深不見底的淵潭中央，潭水很冰，清澈的水面能看到潭裡有許多可怕的水生生物，小型者如長滿利牙的鰻魚，大型者如巨大的鯊魚或鱷魚等。等受刑人看清後，獄吏會要求受刑人下水，面部朝上，用仰漂漂在淵潭的水面上，然後要求受刑人不可以亂動，否則很快就容易引起小型鰻魚啃咬，且就算被攻擊也絕對不可以哀嚎或大口呼吸，一旦這樣做，身體浮力會消失，沉入到潭底，遭到大鯊魚和巨鱷撕咬，吞食殆盡。

獄吏就划船離開後，受刑人仰漂在寒冷的淵潭中，潭上天氣瞬息萬變，忽晴忽雨，波浪忽大忽小，即使有很好的體力，也很難保持飄浮，更不能夠保證身體的移動不會移動吸引小型水棲生物的攻擊。此時是最恐怖的時刻，因為受刑人不會知道自己何時會被攻擊。

直到受刑人最後撐不住，被水生生物啃食殆盡後，就會到下一站牢房。

第三種刑罰示意圖

第四種刑罰

第四種刑罰，是獄吏要求受刑人爬入沒絲毫光線的狹窄地道，壁面潮濕，地面積水，發出陣陣濃郁的霉味。受刑人只能僅憑雙手去摸索，確認地道的方向。受刑人爬行時，可以清楚聽到，自己身體和地道磨擦所產生的聲音，當自己停下來的時候，地道內就完全沒有任何的聲音，也沒有任何一絲的光線。

剛開始向前爬行時，感覺到地道像是緩慢爬升，之後路線變為忽左忽右，然後開始轉由忽上忽下。再繼續爬行，就會開始感覺到方向開始往下，且地道寬度又變更窄，開始有壓迫感，只能仰賴壁面潮濕泥土的潤滑

第四種刑罰示意圖

效果往前。

這時，受刑人會突然感覺到輕微的空氣流動，似乎暗示前面可能有出口，但地道也會開始以更大的角度下降傾斜，且更狹小，受刑人必須用盡一切的力量，一點一點挪動自己的身體向前，直到爬到整個身體呈現倒吊角度的時候，才會發現前方地道的寬度僅剩下手腕大小，根本不可能再前進了，也完全沒辦法後退，只能在此靜待死亡。

第五種刑罰

第五種刑罰，是獄吏會帶受刑人到湖中一間獨立又寧靜的房間，先讓受刑人隔著玻璃，看見房間內有一位受刑人躺在床上呈大字型，被綑綁固定，而手和腳下方分別各放置一個水桶，水桶內已經預先倒上一些水。

床邊放了幾個籠子，分別裝著毒蛇、毒蠍、一把銳利的手術刀。然後房間內的獄吏會拿起眼罩，蓋住床上受刑人的眼睛，然後依序先拿出毒蛇，在受刑人脖子上咬一口，留下咬痕，接著再捉出毒蠍，在受刑人的心臟部位螫一下，然後拿手術刀，分別在受刑人手腳動脈處各劃上一刀，鮮血慢慢流出來，滴在水桶裡，使床上的受刑人很快死亡。

接著，剛才在外面觀看的受刑人就會被獄吏逼迫躺上床，四肢被用束帶固定在床的四角，戴上眼罩。然後獄吏會先用兩根針頭，在受刑人脖子上戳一下，再用一根針頭紮一下受刑人的心臟部位，然後再用沾滿著冰水的鐵片，輕輕在受刑人的手腕、腳踝動脈上劃過，讓他感覺到冷冽的觸感。然後獄吏再把水桶上預置的水緩緩引到被鐵片劃過的皮膚表面，滴入水桶，讓受刑人聽見水滴的聲音。

受刑人先會感覺到自己被剛才那條毒蛇攻擊自己的脖子，又被毒蠍札到心臟的部

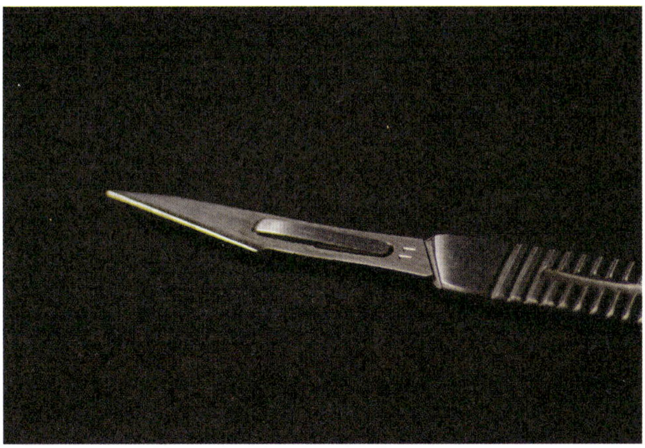

第五種刑罰示意圖

位，接著自己的四肢也被鋒利的手術刀劃破了動脈，現在血正沿著四肢邊緣滴入水桶內，知道自己命在旦夕。他只能不斷等待自己死亡，直到恐懼讓受刑人承受不住，真的往生。

第六種刑罰

第六種刑罰，是獄吏帶領受刑人來到冥河的支流，河水清澈無比，可以看到水中有五彩斑爛的美麗魚類穿梭。受刑人依指示，坐到河中，浸泡在河中央的石頭上，只剩頭部露出水面，欣賞岸邊風景。就在沉溺其中時，他會突然感覺到身體好像被什麼東西螫咬到，之後全身漸漸無法動彈，變得僵硬，

第六種刑罰示意圖

他往身上一看，才會發現五彩魚正在不停啃咬受刑人身體，並在傷口產下晶瑩剔透的魚卵，遍及全身。

這時，受刑人已經無法動彈，也沒有痛楚，看著母魚圍繞在身體四周，保護受刑人身上的魚卵。魚卵會吸收受刑人身體的養分，孵化成小魚，成長茁壯，也在這過程中不斷抽取受刑人的體力。當小魚成熟時，也就是受刑人死亡的時刻。受刑人會見證這整個過程，但沒有能力阻止自己的生命結束。

怎樣的人會下無間地獄

無間地獄的刑罰，的確與阿鼻地獄有很大的差異。一般來說，人會被判打入無間地獄，大都犯了以下嚴重的罪行：

1. 職務上掌握他人的生殺大權者，違反職務本份，導致傷害他人生命者。
2. 國家的領導人，沒有盡心為國人造福，而是恣意滿足自己私慾，造成人民生命財產損失者。

3. 民意代表，為謀求自己利益，改變政府政策走向，導致人民、國家生命財產損失者。

4. 具有救命職業專長者，為個人貪念，導致人命或財產損失者。

5. 生產、販售有害人體生命健康的物資（比如毒品），導致人命受到傷害或喪生者。

6. 無惡不做（如走私軍火）、隨意傷害無辜生命，且毫無悔改意願者。

7. 惡意攻訐、侮辱宗教、背骨、欺師滅祖、忘恩負義者。

其他尚有22種罪行，就不再贅述。

其用意主要在提醒世人不可為惡，否則必將付出慘痛的代價。倘若我們做錯事，天道刑罰很快就應驗，多半代表我們涉及的理由尚有教化的可能，但如果犯了錯誤，果報卻很遲緩，甚至沒有應驗，我們就必須擔心自己所涉入的案情可能是非常嚴重、沒有教化的可能，直到果報來臨之時，我們已經完全沒有再後悔的機會了。

趁著來得及的時候，盡快改正自己的錯誤，不要一失足成千古恨。

四、一人犯錯，大家受苦的復仇

媳婦受的傷，原是前世治水失敗的結果，但每人都有苦衷

有一位女性因為懷孕傷害，造成雙腿萎縮，不良於行。沒多久前，她因為意外嚴重傷及腦部，必須住院進行手術，她的家人擔心不已，於是向我請教了有關她的事情。我告訴他們，因為她的情況嚴重，他們必須請示菩薩同意，才可以處理。

家人向菩薩多次請示後，終於獲得允諾。但由於當事人尚在加護病房治療觀察，為爭取搶救時機，我特別請求菩薩，採取調用當事人魂魄以代替本人到場的方式開辦法會，並由兩位親人到場見證，經菩薩同意後，我們趕緊安排適當時機，法會如期開辦。

法會舉辦後，各路菩薩與女性因果相關的人士一一到場。地府判官提供生死簿與相關的調查資料後，引導雙方當事人與相關人等輪流陳述經過。

原來當事人為男性在三世前，曾受雇於義兄，協助興建河南地區的黃河水利工

程，結果因為彼此間溝通不良，導致工程延宕，適逢雨季來臨，排水不及，有座村莊整個淹沒，導致百餘人喪生。

當事人眼見闖下大禍，趕緊帶著雙眼失明的母親逃逸。雖然那水利工程的地點為當事人負責，但因為義兄是這項工程的統包商，所以義兄在那當下二話不說，承擔下所有的責任，最後被朝廷判以極刑。

但義兄心中對於義弟相當不滿，義弟闖下大禍，卻忘恩負義逃走，事後不向他的家人道歉，也不去自己的墳前上香認錯，於是向地府閻王提告，希望還其公道！

聽完當事人陳述後，義弟終於伏首認罪，當場痛哭失聲，且對義兄犧牲個人來保全相關人的精神萬分感激。義弟真心認錯、懺悔的舉動感動了義兄，決定原諒自己的義弟。但無故冤死的一百三十一位民眾，當然必須由義弟來負責。

這時我即接手，向受到冤屈的亡靈曉以大義，說明案由的前因後果。

義弟犯錯的背後

這位義弟是獨子，家境清寒，在家鄉是出了名的孝子。他年幼喪父，由母親一手扶養，但母親因為過度勞累，舊疾復發導致雙目失明。那年他滿12歲，從那天起，他就正式承擔奉養母親、維持家計的重擔。為了能讓母親及自己活下去，他想盡辦法打工、拾荒、墾地甚至乞討，什麼都願意做。

這孩子的所做所為獲得鄉親的認可，紛紛伸出援手，才讓母子二人得以活下來，也因為這樣，當事人的事跡才傳入義兄母親的耳中，結下未來共事的機緣。

然而在雨季時，義弟家位於低窪地區，房子又相當簡陋，他擔心母親獨自在家會有危險，所以交代工人特別注意工地積水狀況，視情形關閉閘門，以免河水淹沒村莊，接下來便趕回家中探視家況。

他回到家，確認母親無虞後就返回工地，但他沒想到，原本交代關閉閘門的員工因為貪玩，忘記關上，導致大水淹沒了整個村莊，造成嚴重的人命財產損失。

他親眼目睹嚴重的災情後，知道自己這次闖下了大禍，但當下沒有立即找人來救援村人，反而跑回家，帶著母親逃離河南，一連串脫序的行為，導致更多的生命財產毀於一旦，這才錯上加錯，讓人無法原諒。

但，當他的母親知道真相後，也因此鬱鬱寡歡，最後離世。而當事人得知自己的義兄及其他相關無辜人等，都因為自己的過失而付出慘痛的代價，尤其義兄承受全部的責任，最後被處死，讓他萬分後悔，終於導致憂鬱成疾，不飲不食，沒多久暴猝而亡，也為自己所做的事情付出了慘痛的代價。

這時，現場的怨靈鴉雀無聲，這原本就是一場人與天爭的悲劇，中間摻雜了太多的無力與不幸。所有亡靈、菩薩的眼眶都不自覺泛淚。所有冤死的亡靈終於願意放下怨恨，原諒做錯事的當事人，義兄也選擇放下所有的怨恨。

當事人當著菩薩的面，長跪在地上，向所有受到冤屈而亡的人致上自己最深的歉意。此時，大家忽然發現當事人身邊竟然多了一位雙目失明的老母親，陪伴在兒子身邊，一同向所有的人致歉。

此刻無聲勝有聲，大家都已經默默取得共識了。

殺傷生命會如何影響轉世

投胎做人是相當特殊的，神仙界的神仙們若需要提昇修為，就必須重新投胎做人，計算該世所做所為來做憑斷成效。而一般凡人往生之後，也不會馬上安排投胎轉世，中間的空窗期長短會跟當事人生前作為息息相關。

有兩種情況會使空窗期縮短：

1. 表現優異績效卓著，會轉世為神佛或天庭特別安排的職務
2. 十惡不赦、不尊重生命之人，會優先打入無間、阿鼻地獄、地獄、畜牲、惡鬼三惡道。

那一般人如果修為沒這麼優異，但也不到十惡不赦，往生之後尚未安排投胎轉世前，會在哪裡呢？

若我們簡單以投胎年限來分類，可以分成三類：

- 一年內（近期投胎）：安排至地府的招待所等待。
- 十年內（預期投胎）：在地府第十殿重生堂等待。
- 五十年以上（尚未確定投胎）：安排至陰間等待。

這裡也再次說明不尊重生命的人所受的刑罰。若是元壽未滿者，會先入枉死城補足年限，處分期滿後，再移轉至地獄十殿，依投胎這世的表現，由第一殿判決決定相關處分。

故意或非故意致死處分方式不同，若是被判有罪者，會被判至指定閻殿處受刑至刑滿，再轉至次殿受刑，直至所有刑罰皆滿後，由地府安排連續七世，每世重覆自殺，直至七世期滿，直接打入畜牲道，永世不得再投胎至人界。

還有一件大家更不知道的事，因為不尊重生命被打入畜牲道者，身上會很特別的印記，如果有人類或肉食動物想要食用或獵捕時，都會特別喜歡針對身上帶有印記的畜牲。

為人本就不易，何況修行，所以上天把轉世人間做為三界修為的跳板有其原因，身為人類的我們，真的要深切省思。

睡眠品質不佳，竟是前世軍隊部下作祟

有一位老朋友將他多年的好友介紹給我，希望我能幫他找到睡眠品質不好的原因與解決方法，對方已經為此困擾多年。

透過命盤與面談，我不僅了解了造成這個問題的主因，也知道他的命運很特別。於是我請這位好朋友向菩薩請示是否同意協助他化解因果。

但他表達的方式不夠明確，所以菩薩沒給予正面的回應，於是他特別再次請我從旁協助，終於獲得了連續三個聖筊，同意為他舉辦化解法會。

我們選擇了一個適當的日子。法會當天，我們來到山上的一間寺廟，安排好所需物品後，法會正式開始。

我們首先恭請三界相關主管菩薩蒞臨，接著在地府菩薩引導下，與這位朋友前世的冤親債主一一進入，是身著戰袍的將軍們，共計七人，個個面色凝重，眼神眉宇之間顯露的神情，能清楚看出他們彼此之間存在著莫測高深的恩怨情仇。

地府的判官將生死簿與案件調查報告給我，我引導七位將軍坐下，向他們說明：「今天法會的本意，是希望能夠協助各位找到雙方能夠化解的契機。」接著我讓他們確認彼此的身分無誤，請七位將軍分別陳述自己受害的原因與過程，讓今天所有在場的菩薩都能夠清楚的了解。

我逐一核對地府一殿秦廣殿、罰罪司、東嶽殿所提供的各項調查資料，最後再確認明確罪證，待所有關係人全部完成陳述之後，接著由當事人親身說明當年這樣做的原因。

前世是公正的大將軍

原來這位關係人前世曾經擔任過大將軍，換做現代等同是參謀總長或是軍總的總司令。他帶著大批軍隊與敵人作戰，但前線的下屬並沒有依照他的軍令，導致作戰失利，折損了近二十五萬部隊，且死傷慘重的大多是部隊當中屬於中下階層的兵員骨幹，代表整個部隊的領導階層出現了重大的問題，比如爭功諉過、貪生怕死等。

不過，大將軍畢竟仍有軍略，他最後還是成功殲滅敵人的部隊。接著他立即展開了全面調查，確定了事件的主因，將所有涉及失職的高階領導人全部判死以儆效尤，並嚴格要求重塑紀律，避免重蹈覆轍。

然而，這些被賜死的將軍們死後心有不甘，四處告狀，甚至不願認罪投胎，還累世滋擾，造成大將軍極大的困擾。

此刻，判官提出由東嶽殿與地府罰罪司提供的有力證據，並說明：

1. 這七位將軍確實違反軍令，導致戰況被逆轉，造成大量無辜部下的嚴重傷亡，罪無可赦。
2. 大將軍是以身作則的盡職長官，平時照顧部屬無微不至，對民眾也愛民如子，深受大家愛戴，是孝順顧家的孝子與好父親，也是一位常年默默佈施行善的好心人。
3. 大將軍依法公正行事，處分違法者，是代表執行國法公權力，沒有任何違失。
4. 國家的軍人對於自己犯下的錯誤不知悔改，甚至無視地府之前的判決，恣意對抗，甚至陷害當事人，且七位犯錯將軍的生死簿上清楚登載每人累世所涉及的因果問題，才會在累世的每個階段應驗業報。

七位將軍聽到判官所提出的反證後，被重重嚇到了，頓時啞口無言。

我接著問了這七位將軍：「現在證據確鑿，你們是否真的願意承認自己的錯誤，並且承擔需負的責任？否則一旦失去了最後悔悟的機會，你們將後悔莫及！」

終於，這七位將軍跪下，向當面的大將軍道歉。

菩薩看到之後，特別交代，給予他們一個機會戴罪立功，同時也還給大將軍清白與公道。

如果不是我自己親眼所見，是絕不會相信生死簿上竟然可以如此詳盡看到自己累世的所做所為，讓我深刻體會到，眼下的任何因果，其實背後都是有其原因的。

附錄4 業報與福報

首先要導正大家一個觀念，如果你在活著時犯罪或犯錯，導致被害人受苦，卻沒被法官判刑，不要以為自己以後不會有業報問題。

有時，被害人當下遇到災禍，難以確認自己受害原委，但他往生並到地府報到時，閻王也會事情的前因後果清楚告訴他，讓真相水落石出，而被害人必定會要求還其公道。此時，地府就會對加害人追究責任。所以沒有任何一件事，無論好壞，可以逃過天理的法眼！

只是現在，大部分的人都以為責任的追償僅限於一世，而且只有在人間才有，所以即使犯了罪，也盡一切可能來收買、推拖、否認、偽證。但就算我們可以收買人間的貪官污吏，暫時逃過人間法律的追訴，但沒有人可以收買地府執行公理正義的菩薩們，地府會對讓人罪有應得，用最嚴厲的懲罰追究責任。

福報例子：消防人員

十多年前，我曾與一家人結識，他們當時在風光明媚的鹿谷有一間宅第，希望我幫他們勘查神明和祖先是否安奉妥善。

我應約前往，如期協助，結果處理完畢後沒多久，這家的女主人突然腦血管瘤破裂，馬上陷入了重度昏迷，住院治療。男主人對太太這次意外感到相當衝擊，他怪罪我沒有把家中的神佛、祖先處理好，導致這結果。但菩薩告訴我：「冷靜下來，不要有任何的反應，九個月後，天理就會還給你公道的。」

九個月之後，女主人突然甦醒，康復出院，跌破了醫生和親人的眼鏡。待她回家後，她向家人娓娓道來：「這九個月以來，當我在重度昏迷時，菩薩告訴我，我的腦部已經長了兩顆瘤，腦的前半部有一顆小的，後面腦神經中樞旁邊有一顆更大的瘤。菩薩先引導前面小顆的瘤爆裂，使其不至於致命。當醫師檢查時，就會一同發現更大的血管瘤，將兩顆一起摘除，才救回了我的生命。如果是後面的那顆大血管瘤先爆裂，那就救不回來了。」

她繼續說：「然而家中拜了很久的神佛菩薩，其實多年來都沒有真正入神，我們只是空拜求得心安而已。如果不是這次劉老師重新整理，開光點眼，請回菩薩，那麼我的生命恐將堪慮！」

當下，我認為我已經獲得公道，就不便再做任何的表示。家屬也為了之前情緒衝動的言行反應真誠道歉。

然而，十多年後，我突然接到女主人的電話，她告知我：「我丈夫因為罹患多種疾病，痛苦萬分，家人為了照顧他，大家都筋疲力盡了，我也為了照顧他，自己的身體也出現問題了。因為他病情嚴重，現今醫療也無法改善他的情況，或讓他恢復，希望您能夠再度幫忙先生化解災厄。」

我先請示菩薩，祂們告訴我男主人的現況並不樂觀，讓我心中有個底。我不忍眼見其家人內心無奈苦處，專程跑了一趟鹿谷，為男主人辦了一場化解因果法會，並轉告菩薩的指示，要求家屬照著做。

三天後，男主人的病情開始改善，傷口的劇痛情況也改善了，他的情緒也穩定下來，時醒時昏睡。兩周後，他的家人把他從醫院接回家，在家人助唸下，安詳於睡夢中離世。

我問菩薩：「他們夫妻都有得到菩薩的慈悲幫助，主要原因是什麼？」

菩薩說：「那位男主人，把一生的精華歲月都奉獻給民眾了，因為他是一名消防員，從年輕到老，一直參與救人的行列，救了很多人的生命和財產，累積了不少的功德，前世又沒有犯下嚴重的錯誤，好人必得好報；而女主人一生誠心向佛、相夫教子、盡力做好妻子和母親的角色，所以得到這樣的結果也是理所當然的。」

五、久遠之前的時光

風光明媚的生命紀念館，竟有許多亡靈徘徊

這次的故事，是我協助一位台北好友安奉他父母的骨灰罈時發生的。

他選定的生命紀念館（也就是納骨塔）位於山明水秀的北海岸風景區，按理說，這裡的風水跟磁場應該有一定水準。然而，當我第一次陪他去這間生命紀念館，準備選定塔位位置時時，卻感受到異於常情的氛圍，感到相當詭異和凝重。

進入園區後，我陸續發現一些往生的亡靈群聚在大廳、接待中心與餐廳，起先我並不以為意，畢竟這裡是納骨塔，他們在這裡也是理所當然的，然而當天我也感覺到，這裡的工作人員大部分死氣沉沉的，氣色不是很好。

到各樓層參觀塔位時，我發現，雖然每樓都有安設菩薩肖像，但是我沒有看到或感覺到祂們的存在。

接下來，我們準備安排正式安置骨灰罈，結果敲定時間後，當天我準備搭高鐵

時，突然感到身體相當不適，緊急通知好友延期。奇怪的是，當時我直接開車去診所，接受醫生檢查，最後卻查不出原因。這是我這幾十年擔任老師的職業生涯中，很罕見的例子。

之後再次協商、安排日程後，我特別請示菩薩。祂告訴我：「這次再去，你不會再發生莫名的異變，但是你要用心去觀察，體會那間生命紀念館的一切，回來之後，我就會把前因後果清楚告訴你。」

細查生命紀念館，思索背後原因

很快就到達選定的日子，我和之前一樣搭乘高鐵，和好友碰面，一起到北海岸，來到這間生命紀念館。到了大廳，服務人員送上祭祀用的水果和祭品，我順手打開蓋在食盤上的保鮮膜，竟然沒有聞到祭品原有的香味。我又嗅一下另外兩盒的水果盒，竟然也沒有散發果香。但為了避免好友擔心，我沒有表現出來。

接下來，我們依照預定行程，把祭祀法會全部完成，確認無誤後，我在好友的陪伴下，來到紀念館內的餐廳吃飯。但進到餐廳後，首先進入眼簾的，就是亡靈們圍在餐廳和處理餐食配送的櫃臺，爭先恐後搶著吸吮食物散發的香氣。

此刻我愣了一下，心中激起一股悲傷與不忍，我不知道該出手阻止，或是裝作看不見讓事情順其自然發展。

最後我還是選擇後者。

沒多久，服務人員送來我們預定的餐盒，我遲疑了一下，慢慢掀開餐盒，輕嗅食物，正如同預期，餐盒幾乎沒有食物原本應有的香味。我勉強淺嚐一兩樣菜，再觀察其他用餐客人們和好友的反應。

這時，一些已經吃飽的亡靈陸續離開，接著又擠進來尚未吃飯的亡靈們，把餐廳襯托得極其熱鬧。此時此地看見的景觀，讓我想到原始人性與靈性交融的浮世繪。

這間靈骨塔之所以有這麼多亡靈，其實就只是因為不去祭拜先人的人愈來愈多。當社會上愈來愈多祖先的亡靈遭受背棄時，不但會影響到後代子孫的平安，更會造成社會的極度不安定。而這些無人祭拜的亡靈，看到有靈骨塔放著這麼多供品，自然也就前來享用。或許並非所有以前先人傳下來的傳統都不合時宜，但直接排斥只會徒增問題。

雖然祭拜者當中應該也有和我一樣能看見他們的人，但看見是一回事，一般人也不知道該如何向靈骨塔方提出改善方式；而像我這樣的命理老師也不好介入，所以這情況也只能這樣繼續下去。

而即便靈骨塔風水良好，但台灣這30年來陸續遭遇天災人禍後，我們所說的「龍脈」早已經不復存在。現在坊間所說的龍脈，其實都不具備稱為龍脈的條件，有很多在叢山峻嶺中修建的建築，不過只是依靠山川大地現有的壯麗和自然氛圍來襯托，並不足以與真正的龍穴、龍脈相提並論。這次發生案例的所在地，只是讓我們更清楚的知道人為的炒作才是問題的關鍵！

眼前的景象，讓我深深體悟到，菩薩為什麼常常提醒，我們必須藉由修行來提昇自己的人性、靈性與智慧的層次。

女大生在南投中邪，原來是原住民亡靈申冤

南投營隊的中邪事件

這次事件發生２０１９年的南投，有個在台北讀大學的女大生，利用暑假參與學校活動，到偏鄉村落輔導小學生課業，活動為期十四天。其實剛去的頭兩天，一切都很順利，參與的大學生們也因為難得見到深山風景，心情也相當不錯。不過第三天傍晚開始，一切就不對勁了。

那時，女大生突然會對周遭胡言亂語，甚至對空氣辱罵，也出現極度驚嚇的表情。

情況到第五天開始失控，女生突然發狂，表情痛苦，一旁的老師與同學被這種突

如其來的情況嚇到了。他們配合村落當地的老師，一共六位老師，包括五名原住民的男老師，先壓制她的肢體動作，再把她抬進學校醫護室的床上。她的情緒雖然暫時緩和下來，但沒多久，又再度變得歇斯底里，指著房間另外一邊空無一人的地方，說：「有好多往生者想要接近我！觸碰我！」

老師們趕緊一起壓制她，卻沒有效果。他們形容當時情況就像《大法師》一般，眾人束手無策，趕緊打119求救，以及打電話給她台北的家人告知情形。

家人聽到後，一方面請求老師直接將他們女兒用救護車載回台北的醫院治療，另一方面，家屬也將我的聯絡資訊交給老師，請老師用手機跟我求助。

我接到電話後，請老師打開視訊，聽老師說明，初步掌握狀況後，用「超心靈感應」和女孩身上的亡靈溝通。這才發現，女孩身上竟然有多位男女老少亡靈，且全都是無頭亡靈！

我很小心地跟他們說：「請你們在醫院等待菩薩，我會陪同菩薩一起過去，而且會協助解決你們的困境，請你們暫時冷靜。」聽完我一番話後，情況也開始緩解下來。

我立即從台中搭乘高鐵，經過轉車後，約兩個半小時左右趕到台北的醫院，看到女孩的母親。她說：「剛剛經過檢查沒有大礙，但醫生希望可以住院觀察。」

我點頭，隨他們進入病房，病房旁還有女大生的姊姊，以及隨救護車過來的老師。女學生正躺在病床上。我倒了杯加持過的淨水，叫醒她，請她喝下，然後問：「之前到底發生了什麼事情？」

在她要開口說之前，我發現病房裡出現十八位沒有頭顱的亡靈，帶頭的女性亡靈說，他是部落首領的妻子，他們是被日本人殺害的。

在日本時代，日本人與原住民爆發多次衝突，他們在其中一次衝突中戰敗，所有的族人，無論男女老少，全部都被日本人集中趕到山下的河道旁斬首，讓他們生生世世不能夠投胎轉世，又把他們的頭丟入河水中沖走。被這樣對待的族人們一共有數千人。他們心中對日本人充滿怨恨，又無法投胎轉世，一直滯留在家鄉，久了之後就變成地縛靈。

我問她：「你們有請過族人、外人或宮廟菩薩神佛幫忙嗎？」

她說：「我們已經求助過不知道多少次了，但結果不是沒有下文，就是前來協助的人根本沒辦法幫助我們。這次會找上這位女同學，是因為她有天生的陰陽眼，雖然沒能力跟我們溝通，但還是可以看到我們的狀況，轉知給菩薩；再來，這位女學生身上的氣場很特殊，我們覺得她身上可能有特殊的護持符令，跟著她，也許可能幫我們找到獲救的機會。雖然之前已經失敗太多次，但是為了幫助族人百年來所受的苦難，我始終深信天無絕人之路，有一天會得到好結果，所以我們不放過任何機會。」

她低頭說：「只是因為她的身體太虛弱，承受不住我們身上的氣場，我們真的很抱歉，希望她的家人可以原諒我們的苦衷。」

這時，菩薩告訴我：「這幾位可以先協助，此外，南投某地區將會舉辦百年大拜拜，可以藉機通知轄內的神祇、菩薩協助一起超渡。倘若有脫隊遺漏的，我們再另外協助。」

我點頭，跟他們說：「菩薩已經同意優先幫你們重新投胎轉世，但是故鄉數千位往生族人的部分，因為數量太多，必須回到你們的故鄉，借用適合的地點，使用特別的法門、資材，才能如數將所有族人全數超渡，所以我們必須另外專程跑一趟，請求地方宮廟或人士協助。等所需的物資完備之後，我們就會擇日召開超渡法會，了卻所有往生族人百年來的悲願。」

這時，領導的女性亡靈帶著現場所有族人跪謝菩薩，淚流滿面，菩薩把他們一個一個扶起來，引導他們離開病房。

接下來，我來到病床前，女同學的精神氣色都已逐漸好轉，我用法門在她的身上結上一層保護網，護持她不會再受到干擾，也幫女大生的母親、老師、姊姊設置淨身結界，然後告辭離開醫院，返回臺中。

回到台中高鐵站，開車返家時，我感應到無首亡靈們的感謝，心中湧起一股悲傷和不捨。

超渡亡靈緣分到來

在那之後，我多方尋找寺廟及人士協助，想不到竟然沒人有意願，讓我相當挫折。我跟隨菩薩濟世助人多年，第一次有如此的無力感，更沒想過這些宮廟竟然會這樣自私又冷血，打著菩薩與濟世救人的名義，卻背離宮廟原本的宗旨。我向菩薩請示，能否先行暫停找尋協助，等待機緣屆臨之時再協助他們，得到菩薩的首肯。

五年後，我接到老友黃先生的電話，他從事經營宗教文物用品買賣的工作，也是一位對堪輿命理有興趣的人。他跟我說：「我有一個客戶，因為家中設置了神壇，需要重新調整安置，神明提示他，若要處理，需要請這家店的老闆，找到以前曾幫他們家完成祖墳設計規劃的老師，來處理神壇的事情。但是剛開始，我沒真正了解神明的意思，所以一連介紹了幾位老師，都沒有獲得神明的同意，最後神明再次明確告知，人選就是老師您。」

就因為這個緣故，我和黃老闆在未曾聯絡多年之後又再度連線。不久，黃老闆二哥也和我聯繫，我們上次見面已經是在他們家整修祖墳之時。他說：「我弟弟跟我說，他和老師又聯絡了，我在南投興建了一個私人的度假別墅，作為私人修行、家族聚會的場所，最近終於要完工了，既然有這樣神奇的機緣，老師是否願意也來我們家的別墅看看，也順便檢視、修正一下，以便我們之後入住？」

我們約定好日期後，當天便去參觀興建完成的別墅，也來到那些原住民亡魂們的故鄉。完工的別墅本身美觀又有創意，且周遭自然景緻保持很好，依山傍水，空氣清新。我協助替別墅做完護持結界後，也跟他們談起了五年前的原住民亡靈事件，他們當時也銘記在心。

接下來，連續四年沒颱風的台灣突然遇到第一個強颱，造成南投嚴重災情。風災過後，我向這位好朋友詢問災後情況，他告訴我：「我的休閒區前後都遭到嚴重的災情，只有我的地方沒有受到影響。」我突然頓悟，或許我五年前答應為原住民亡靈申冤解難的機會來臨了。

擇日，我向菩薩請示，獲得明確的指示，接下來我徵詢了黃家二哥的意願，結果他們全家熱烈回應，並承諾願意無條件提供場地舉行超渡法會，且全額贊助法會所需的費用。

接下來，我和原住民亡靈們再次溝通，然後發現需超渡的不僅有原住民亡靈，還有其他無法申冤的政治受難者亡靈們。我們安排完所有超渡的細節，並且敲定處理日期，一個月之後正式確認完畢！

法會超渡萬名亡靈

2023年10月早上，我們在黃二哥別墅集合，把所有的祭祀用品按照規劃擺放完畢，這次來的不僅有我這邊的人、黃家的人，還有當地原住民部落的人，他們是原住民亡靈的遺眷後代。

時辰到了之後，點上柱香，恭請神佛菩薩蒞臨主持。接下來，第一支隊伍進場，是數千名原住民亡靈們，他們所有人都沒有頭顱，一個牽著一個，由地府的菩薩引導到達定位然後坐下來，他們的模樣讓人不勝唏噓。

接下來第二支隊伍也有數千人，是政治事件中無法申冤的亡靈們，也在地府菩薩的指引下來到指定的位置，就地坐下。兩支隊伍合計竟然有一萬六千多人。

大家就定位後，我向所有現場受超渡的亡靈們說明今天超渡法會的緣起以及所有的程序，並說：「請你們放心，所有參加超渡的人都會得到自己應該得到的，不會再有臨時生變的事情發生！」

他們全部靜靜坐在原地等待。

我恭讀疏文，上奏天庭核備，並恭頌二部經文，迴向給現場一萬六千多名受渡的亡靈們。頓時，所有失去頭顱、肢體殘缺、受傷的人，全都恢復原來完好如初的樣子，他們互相觸碰彼此，露出不可思議的表情，最後流下淚水，跪謝在場菩薩。

這時，原住民遺眷們推派一位女性族人，她是先天就具有超感應力的靈媒，代表後代子民來迎接自己的祖先返回家園。她用我不熟悉的母語和手勢，很快的就與祖先們打成一片，加上預先準備的米酒，讓現場的氣氛很快熱活起來。

接著，我宣布受渡者們一同享用我們為他們所準備的饗宴，不僅原住民亡靈們開心，政治受難的亡靈們也一同享受，大家都目不轉睛，享受這來之不易的一餐飯。

我看著他們用餐的模樣，深深感覺到人生真正的幸福往往只是在當下最樸實的一頓飯之間，在一剎那內心的感受之間。在飄泊無助的百年寂寞歲月中，要吃上一口飯，竟是如此奢侈的一件事，更遑論其他奢求，人生實在應該珍惜當下。

饗宴完畢後，三艘法船到達現場，地府派出協助的將軍們全部就定位，準備引導工作。

我們把所有準備好的物資，依照每船每人一份的數量，備妥送上法船。這時所有受渡的一萬六千多位亡靈全部向在場菩薩跪謝，行最高的三敬禮，接著依照安排陸續上法船。

等大家都上船後，法船啟航，駛向他們心目中最想要去的地方。

我歷經五年的波折，終於完成了當初的心願，感謝天恩，更感謝與我一起的有緣人好朋友們幫助，希望以前的不幸與苦難可以不要再度的發生，無明的人心和貪婪無底的慾念可以就此消失在智慧的雲海之中，讓人性不再有苦難、凡間不再有災難。

附錄5 孤魂野鬼愈來愈多的原因

就我觀察，現在的孤魂野鬼與亡靈遊魂愈來愈多。是什麼原因讓他們變成孤魂野鬼，或亡靈遊魂呢？

1. 觀念偏頗，往生之後不願意回到地府閻王殿去報到，安排投胎轉世。
2. 生前做了太多壞事，或是壞事太嚴重，為恐遭受追償，或擔憂到地府必須面對嚴刑峻法，所以逃避刑責者。
3. 不遵重珍惜自己的生命自殺身亡，或不珍惜自己的健康，吸毒、飲酒、以危險行為蓄意殘害自己生命健康，導致自身減壽，還逃避處罰，拒絕報到者。
4. 天災人禍造成嚴重災難禍，使沒有福報或是福報不足的人受到波及，共同承擔共業而喪生者。

5. 原本有後代子孫負責祭祀祖先，因為受負面錯誤訊息影響，無故停止，不願繼續祭祀祖先，以致於尚未被地府安排投胎轉世的先人遭棄養，無所依靠。祖先即使投胎，仍然會有一魄留在祖先牌位裡，供後代子孫供養祭祀。

6. 在意外身故或病故後，沒有親人為其招魂祭祀，致魂魄流落在外，無處安置者。

理論上，人往生之後，地府規定要在49天內完成報到手續，便於清查過去及安排所有事宜。當超過報到時間後，往生者手上報到單的通行密碼就會自動消失，往生者也就無法再進入地府的管轄範圍，也就成為地府認定為拒絕報到的對象，除了喪失投胎轉世的權利，還會加重刑罰。

亡靈經常會出現在菜市場、超市、生熟食攤販、食品工廠、屠宰場、中元普渡、超渡法會或往生儀式會場，以及垃圾處理場等地方。因為這些地方容易取得食物，讓他們生存下去。亡靈平常在凡間生存時，也有他們生存的地盤，如同幫派地痞一樣，有食物油水的地方已經被早到的或是結黨的亡靈所佔據了，所以一般亡靈想要找個地方或是分一杯羹其實並不容易。倘若勢單力薄，要生存下去，勢必更加辛苦。

亡靈進食的方式也不是利用口腔咀嚼吞嚥食物，而是靠鼻孔吸取食物所散發出來的味道，所以被他們食用過後的餐點、飯餚都會變得索然無味。

亡靈若是一直找不到食物，會待在樹底下，等待清晨時分，樹葉葉片上結露水後，再行吸食補充陰氣，防止自己魂飛魄散。

當凡間亡靈的數量愈來愈多時，勢必會影響到當地的氣場，畢竟陰陽本來就會相互影響，當陰界之氣高於陽界時，就容易發生靈異事件或是災難。原本三界之間有平衡的默契，互不干擾侵犯，然而上述情況直接衝擊到三界的平衡，甚至波及其他靈界物種跟著一起毀滅與消失，破壞宇宙原本的平衡與和平。

在這樣的末劫天年，上天會開始在清算、懲罰做錯事情的人類，但懲罰的本質原本就在於提醒和教化人性，使人回復到善良、單純、積極、正面的狀態。只要把握住三個原則，就可以讓自己安居樂業：

1. 智慧
2. 健康
3. 知足

你可以選擇真心認錯懺悔，並且積極改正偏頗的觀念和行為，為自己多積德修福，廣行佈施，勸化他人脫離惡業；你也可以繼續我行我素，認為世上沒有什麼善惡果報，不在意自己種下的惡因；當然，你也可以什麼事都不做，等碰到了事情再來求神佛菩薩的幫忙。

你會選擇怎麼做呢？

六、風水問題百百種

法拍屋原來是鬼屋，亡靈泣訴受法師控制

這次事件發生在中部地區的海線城市，有一位年輕老闆從事木製家具設計工作和銷售，有一天在報章廣告上看見一則法拍屋廣告，拍賣一棟獨門獨院四樓雙店面透天別墅，物美價廉，很值得標下來做為住家及展示場。說也奇怪，他參與過很多次法拍屋投標，從未如願，直到他看上這間房子，到現場去看過幾遍外觀後，彷佛就像被一股無形的魔力所吸引，於是他不加思索就投標，更奇怪的是，從他開始參加投標後，感覺一切都變得很順利，最後用自己預期的金額得標了，讓他開心了好久，認為自己要走大運了，公司會大發利市。

不過，交屋清點後，他發現房子裡有些怪異的宗教法器玩偶，數量不少，形式類似泰國的古曼童（是由父母同意後，將亡嬰屍骨加工製作，並經高僧法術加持、注入嬰兒亡靈，使其重生的神偶），還有小檀香油罐，供養在奉祀鬼王的神桌上，並且在

屋旁、屋後的空地發現大批遭到丟棄的遺骨，整間房子使人深深感到恐懼。

而且，從他搬進這間房子後，不僅附近鄰居都躲著他，不敢和他打招呼；還陸續出現靈異事件，把他嚇到說不出話來，趕緊透過友人介紹，找我幫忙處理。

於是我安排某天早上前去勘查房子。

那天一早，當車用導航指示接近這間房子時，我突然感受到很強的靈異感迎面而來，前面的房子裡應該凝聚了不少的亡靈。我把車子停在這間房子大門口的空位，下車時，一陣奇怪的陰風刮起，向我襲來，我知道這是亡靈在警告和測試我。

屋主已經在門口等我，我不動聲色，請他帶我到房子裡。此時，菩薩以超感應提醒我沉住氣，因為亡靈們也是受害者，我們是來幫助他們的，我會心一笑，點頭回應菩薩。

我請屋主帶著我，從頂樓開始，由上而下，逐層逐間全部勘查，每個房間都能見到滿臉哀怨的亡靈或嬰靈，我愈看，心中愈是不捨，他們就像被無止盡壓榨的勞工，又像是戰亂逃命的難民，眼眶忍不住熱了起來。

回到一樓客廳後，我看見帶頭的亡靈（或許用鬼眾稱呼更準確，因為他已經擁有一定程度法力的修為），他的臉上有歲月留下的歷練和修為，身邊站著四位護法，注視著我的一舉一動。我坐上他們對面的椅子，然後自我介紹，說明今天的來意。
然後是很長的沉默。我們什麼都沒說，只是靜靜打量對方。
然後，帶頭的鬼眾才開口問我：「為什麼會找到這裡？」
我回答：「我從新屋主的身上感受到了特殊的氛圍，也感應到你們心中的怨氣，所以特別專程來這裡，希望能夠幫得上忙。」
這時鬼眾領導者旁的一位護法，用感應和鬼眾互談之後，鬼眾又開口說：「我知道你是誰，也聽過你所做過的事，我不相信你會原諒我們之前所做的事並且幫助我們。」
我告訴鬼眾；「菩薩都已經把你們的遭遇如數告訴我，始作俑者是之前的法師，他運用邪術逼迫你們配合他，滿足他的私慾，他才是罪魁禍首。而且，即使你們真的曾經主動做壞事而不是被逼迫，只要事後願意面對承認，並且改過自新，菩薩一定會願意原諒我們，再給我們機會。人非聖賢，孰能無過？記取之前的經驗與教訓，絕不再犯就好。」
接著我問鬼眾：「被法師逼迫、待在這裡的受害者總共有多少？」
他說：「總共512人。」

我問：「那麼現在，法師人在何處？」

他回答：「五年前，法師因受到天譴暴斃戶外，我們一起處理他的屍首，讓他永世不得投胎，以洩多年來心中的怨恨！」

我又問：「那麼五年來，你們在這裡還有繼續做影響他人的壞事嗎？」

鬼眾搖頭，接著說：「由於之前的法師做了太多傷天害理的事情，附近的居民都已經耳熟能詳，盡量避開這裡，所以對我們的求助充耳不聞。所以這五年來，我們靠自己的力量去養活自己，雖然或多或少會影響到附近居民的生活，但我們沒有做壞事，而且收留了一些孤苦無依的亡靈，讓他們有地方可以勉強生活與糊口，也不會被其他惡勢力的外靈欺負。」

我點頭，附近居民的恐懼，是這間房子多年來一直拍賣無法成交的主要原因。

他繼續說：「我本來是最早被法師挾迫幫助他為非做歹的亡靈，法師暴斃後，因為我最資深，能力最好，所以這裡的亡靈一致推舉我為領導，帶領他們不被外人欺負。我們這裡的亡靈數原本只有兩百左右，但這五年因為這樣而增加到512人。」

我點頭，相當感動，也頗有感觸，說：「請你把住在這裡的亡靈全部叫出來。」

不一會，五百多位亡靈全部出現在一樓的大廳。我問他們：「如果菩薩同意原諒你們，並且幫助你們全部重新投胎做人，你們是否願意？」

這時，菩薩應聲出現在它們眼前，鬼眾也帶著大家一同跪下，向菩薩致敬，然後互相擁抱，喜極而泣，他們的情緒也感染了我。

這時，鬼眾請示菩薩：「五年前，我們把法師的屍首毀屍，讓他永世不得超生，犯下不可饒恕的重罪，該怎麼辦？」

菩薩說：「法師生前所犯的罪早已達到永世不得超生的境地，所以早在五年前，地府就已經把他的元神魂魄打入無間地獄，永無出期，這已經不是你們的事了，說起來，你們反而幫忙了地府提早完成任務，我代表地府所有的菩薩謝謝你們。」

菩薩說完後離開了現場。我請屋主開席預備的洗塵宴，宴請這512位亡靈，讓他們可以好好飽餐一頓，另外在旁邊幫忙的地府將軍也送來新的衣服鞋襪給每一位亡靈，讓他們換上新裝。每位亡靈臉上揚溢著喜悅與幸福，對未來充滿希望。用餐結束後，地府將軍引導所有的亡靈坐上地府的專車，啟程返回地府。

目送他們離開之後，我必須做最重要的善後工作：把全棟宅第用奇門遁甲淨宅，設下結界，還給它原本的清淨。處理了一小時後，今天的任務總算全部完成，我心中默默感謝所有到場幫忙的神佛菩薩，也祝福那512位重生的亡靈，最後向屋主告辭。

家中風水出問題，祖先成蔭屍

這次的故事發生在雲林，有一位84歲的老婆婆最近逝世，但她和先生的墓地風水都分別出問題，影響後代家中。雖然他們家找了很多的風水先生，求過很多的神明菩薩，但是都無法處理。有一天，老婆婆托夢給住在豐原的女兒及外孫，告訴他們，去臺中某座公園對面路口的生命禮儀公司，找老闆，請老闆引薦他的師父幫忙處理家中的風水，並在夢中提示老闆的師父姓劉。

於是第二天，家屬找到了這間公司的老闆，老闆也同意引薦師父。

第三天的晚上，我便和家屬們會面了，是老婆婆的女兒帶著她兒子（也就是老婆婆的外孫）前來。

女兒敘述了母親托夢中的請求，然後說：「請劉老師協助處理我母親墓地的風水，平息家中不斷發生的事端。」

這時，老婆婆突然借外孫之體起靈乩，跪在地上：「誠心向劉老師請求！」

這時，菩薩現身，而當我看到老婆婆時，我也發現事有蹊蹺，便問：「為什麼你要喝鹽酸尋短？」

剎那她，女兒嚇到了，因為他們並不知道老婆婆的真正死因。

我告訴女兒：「我沒辦法幫自盡的人，因為他們不尊重生命在先。」

但老婆婆聲淚俱下，緩緩道出想不開的原因；「我們在地方上是富裕的家族，後代都為了爭產而兄弟鬩牆，爭得你死我活！我就是受不了每天重複的痛苦，所以才飲鹽酸自盡。」

我告訴她：「雖然你們家有錢，但是你生前並沒有為自己或子孫累積福報，所以我實在無法幫助。通常調整風水是為了幫助後代興業發達，但是你們已經是很富有的家庭，你們不思回饋助人，卻想要獲得更多，於法理都不符，我實在無法幫助。」

這時，她深切懊悔，懇求菩薩能給予自新的機會。菩薩要她的家人以老婆婆的名義誠心無償佈施助人，並留下證據，之後再來請求。

一周後，女兒與外孫拿著佈施助人的收據和照片，證明他們有遵從菩薩的指示完成了。於是我答應他們的請求，並約定南下勘察現地的時間。

小心翼翼處理蔭屍

又過了兩周，我應約到達二門墓地的位置，開始勘察。這時，菩薩在旁跟我說墓地問題的關鍵，我心中讚嘆大自然的不可思議，然後和家屬約定好處理日期，並透露一個重要的訊息：「你們父親的墳墓入葬之後，至今十九年，父親的屍體完好如初，也就是俗稱的蔭屍。墓園內的積水高度已經接近鼻孔位置，倘若再延遲處理，當積水淹過鼻孔，家族所有男丁皆會遭到意外身亡。」

家屬雖然震憾，但他們仍然半信半疑，我也不再多做解釋，約定端午節前一天處理祖墳。

約定時間很快就到了，我帶了四位學生，他們都是葬儀業的師傅，有多年經驗累積的專業能力，一同攜帶專業裝備。當我們來到雲林業主的故居附近時，突然刮起了大風，猶如颱風過境，到了墓園旁的停車場後，我們停好車並下車時，發現風速更強烈了，我從出生以來，從來沒見過農曆五月天的中部出現過這種天氣，強烈的陣風迎面吹來，我們必須彎腰前傾才不會被吹跑，讓我心中升起一絲不祥的預感。

我們和業主一家很快就進入墓園，有一股灰暗的氣息籠罩在男主人墓的上方，不知道是天氣還是墓園環境的因素造成的。我不動聲色，請家屬先行祭拜後，請他們暫時退到上風處的大樹底下。

這時，我先要求學生，待會開棺之時，必須退到上風位置，防範屍氣外洩，傷到參與人員。我們開挖墳墓，很快就挖到棺木，開棺時，清楚聽到棺木縫隙噴出氣體的聲音，而且是黑色的氣體。我們把墓身、棺木中的屍氣引導出來後，我示意家屬上前觀看棺木中先人的情形，看是否有吻合我先前的預告。

先人入葬十九年後，所有五官、毛髮與衣物都像剛剛入葬一樣，不同的是身上的肉已經如豆腐一樣軟嫩，這就是民間所謂的「豆腐屍」。

另一處老婆婆的墓，最大的風水問題是墓頭和墓尾兩處各有一支電線桿，筆直對著亡者頭部及腳底。

這兩個墓處理完之後，我提醒他們家人，倘若有心，應該運用自己的條件幫助社會上的弱勢，或是需要幫忙的人，累積福報會讓他們過的更平安。

之後，所有發生的事也就全部停止下來，家人之間的氛圍也有很大的改變。有些風水問題雖然表面上看不出來，卻影響深遠，而累積福報是讓自己有解決問題的一切前提。

祖先骨灰消失？原來是地質移動

這次事件發生在嘉義海線的鄉鎮。我有一位好朋友，近年來因為有感於家道中落，於是請我專程跑一趟他們家鄉，看看到底是哪裡出了問題。

我們約定好了日子後，當天我就開車直奔朋友老家，先入廳看安厝的祖龕，沒什麼異狀，再把家內外全部檢視一遍，也沒有發現異常。

我重新把這位朋友的命盤排一遍，才發現問題可能出在祖墳風水後來出現問題。

幸好祖墳所在地點距離老宅不遠，於是我們立即驅車前往墓園勘查。

墓園位於海邊附近，地質屬於砂質，周遭又種植很多木麻黃防風林，我們找了很久，才找到好友祖先的六門墓地。經過逐一檢視後，我發現祖墳早已經過了撿骨期，許多遺骨都界臨灰化，我建議他們必須趕緊找人幫祖先撿金入塔，方可化解危機。

我看了一個良辰吉日，一周後邀請撿金的師傅，開始一門一門遷移祖先遺骨。當準備遷移第五門祖墳時，奇怪的事情發生了：這門祖墳單獨安葬，旁邊沒有其他的墓塚，但破土之後，墓碑左右與後方五公尺範圍內，竟然都沒有骨骸的痕跡。這時，家屬及施作的師傅嚇到了，我愣了一下，點上三柱清香，請求地頭的土地公幫忙。

不一會，祂到達現場，笑著對我說；「別緊張，因為這裡的地質是砂地，所以遇到地震、風砂或地下水位移動之類的情況時，就會造成墓塚底下的基土隨之移位。只要找到基土的正確移動方向、逐步探測地層，就很快的就可以找到遺骸的位置。」

我照著土地公指示的方法，果真很快就找到祖先遺骸正確的位置，他竟然向左方橫移了整整15公尺之遠，而表面的砂土上完全看不出任何蛛絲馬跡，倘若不了解這個異象，肯定會嚇死人了！

我們順利的把這個怪異的祖墳處理好後，我向土地公答謝，帶著所有的人和祖先骨骸，做進一步的清潔裝罈，並依照預定的時間完成了祖先安厝儀式。

這件事傳傳遍我朋友家鄉，蔚為奇譚，但我們知道，真相其實只是自然現象造成的變化，沒有必要歪曲，讓事實回歸真相即可。

鬼不嚇人，人不嚇鬼，相安無事，但人嚇人真的會嚇死人！這不也就是人性自性業的「疑」所造成的嗎？

附錄6

地基主、地靈公介紹

地基主與地靈公是我們日常最容易接觸到的神明之一，但許多人並不知道他們是誰，因此這裡想寫文來介紹一下。若以權屬階層區分，大致上如下：

雖然地基主、地靈公不是神，但是祂們卻是天庭認證允許代天行法的最基層執法者！

祂們的由來

人往生之後會到地府報到，表現不錯的人，比如累世沒有素行不良或犯罪，且在三世前都有佈施福德，助救他人，雖未達特別重大條件，沒辦法成為神仙，但符合廣植福田的善舉，當閻王爺詢問想去何處時，若他不想投胎，也不想跟隨菩薩修為，只想留在人間，比如在自己生前的故鄉，喜歡的山川平原、房屋土地，就依其意願安排所在地，並呈報天庭核備在案，並享有定額的天庭奉祿。

核准入住之人，除天庭因故下旨取消、廢除其資格外，其他外力、法令不得剝奪其權利，正式入住後就是地靈公或地基主。特殊之處是，就算是同一間房子、土地或場所，只要地靈們有共同意願，原則上閻王爺都會尊重其本願，安排一起同住，所以會有獨居或同居情況。

新上任的土地公會前往物色與資詢地靈朋友，若有意願擔任地基主，協助天庭與土地公管理地方，輔導照顧天下眾生，土地公就會呈報天庭核備，成為天庭在人間最基層的執法人員，也享有天庭正式的奉祿，但這份奉祿屬於同一組人所共有。當每一任土地公任期屆滿後，新上任土地公會重新選定新的地基主。

祂們的工作職責：生死簿

地基主與地靈公需如實記錄被照顧眾生的生活作息、言行舉止與善惡作為。地府掌管的生死簿總共有三本：第一本由第一殿閻王掌管，第二本由地區的城隍爺掌管，第三本由地頭的土地公掌管。還有第四本生死簿，又稱做記錄簿，是直接由地基主掌管，彙整每日對轄區內所有的人、事、物的記錄。

當土地公視察地基主轄區後，會定期將記錄簿內記載資料轉載至生死簿內（倘若內情有爭議時，會清查確認後再載入。當城隍爺召開定期會議時，城隍爺的主管判官會收集所有編制內土地公的生死簿，轉載、檢視與調查。

同樣的，城隍爺出席地府召開的定期會議時，其判官會將生死簿交給地府第一殿閻王的文武判官，再次轉載、檢視與調查。

我們一般人住的地方，不論何處，一定都會有地基主與地靈公！我們對同住一個屋簷下的祂們起尊敬心，年節了表達誠意，答謝照顧之恩，祂們自然也會給予善意回應。但倘若沒有一絲的尊重之情，更沒有謹守自己的行為品德，也許我們有可能得不到祂們真心的照顧。

各位試想，若是真正掌握我們關鍵的人都可以輕忽不重視，那麼我們存不存在，對祂們又有什麼價值呢？

後記・與神的邂逅

小時候我出生在南台中的合作街、忠孝路口，附近有一間擁有數百年歷史的城隍廟，是附近民眾精神的信仰中心，因為家中經濟狀況不允許我去上幼稚園，我四歲時就把城隍廟當成我遊戲玩耍的地方。

六十二年後的今天，我舊地重遊，帶著任務來拍照取景，以利完成我的第二本勵志書籍，這次目的是蒐集與地府菩薩有關的尊身、圖書、文物，所以早上十點左右就來到城隍廟，入內首先和廟裡管理的人員核備蒐集相關資料，得到同意後即開始工作。

進入城隍時，我看見一位面相先天弱勢的人（小腦症）坐在右邊迴廊的木椅上，一雙眼睛看著我。起先我不在意，盡快把工作完成，走遍廟裡，前前後後拍完所蒐集的資料，準備最後到城隍廟的大門拍照時，看到那位弱勢人士依舊雙眼盯著我，甚至跟隨著我們到外面的廣場，看我拍照。

我拍完後，這人走到我的面前，突然開口對我說話：「我在這裡等你很久了，只是想看看你，你的氣色很好、很健康，我很高興看到你！」然後帶著微笑離開，一下子人就不見了。

當下我愣住了，想著：「這一段話怎麼可能是出自這樣的人口中說出來的？」就在這時，另一道聲音告訴我：「我是城隍，今天透過這個人來看看你的現況，得知你的一切都安好，我心裡就放心了。我很久沒有看到你，今天知道你要來，心裡非常高興。」

這時，我確信這個說話的聲音，就是小時候常常聽到城隍爺爺的聲音！

剎那間，心酸感湧上心頭，我立即用感應力回應城隍爺，同時感到眼眶溼熱。我回頭望向城隍廟的大門，看到城隍爺帶著祂所有的伙伴向我揮手打招呼。

我恭敬地向祂們行禮致意，然後離開了城隍廟，原來四歲那年的邂逅，可以讓我們成為一生的好友。

也願各位購買與翻開本書的人，能珍惜各種緣分，我也會珍惜與各位相遇的緣分，希望本書能為各位帶來一點力量與慰藉。

國家圖書館出版品預行編目資料

撫平傷害的修行者：我跟隨菩薩，幫人處理意外與病痛果報的修行人生／劉偉中著 . -- 初版 . -- 臺中市：晨星出版有限公司，2025.06
面； 公分 . --（勁草生活；563）
ISBN 978-626-420-060-8（平裝）
1.CST: 通靈術 2.CST: 通俗作品

296.1 114000844

歡迎掃描 QR CODE
填線上回函！

勁草生活 563

撫平傷害的修行者

我跟隨菩薩，幫人處理意外與病痛果報的修行人生

作者	劉偉中
編輯	許宸碩
校對	許宸碩
封面設計	ivy_design
美術設計	黃偵瑜
創辦人	陳銘民
發行所	晨星出版有限公司 407 台中市西屯區工業 30 路 1 號 1 樓 TEL：04-23595820 FAX：04-23550581 E-mail：service-taipei@morningstar.com.tw http://star.morningstar.com.tw 行政院新聞局局版台業字第 2500 號
法律顧問	陳思成律師
初版	西元 2025 年 06 月 01 日（初版 1 刷）
讀者服務專線	TEL：02-23672044 ／ 04-23595819#212
讀者傳真專線	FAX：02-23635741 ／ 04-23595493
讀者專用信箱	service@morningstar.com.tw
網路書店	https://www.morningstar.com.tw
郵政劃撥	15060393（知己圖書股分有限公司）
印刷	上好印刷股分有限公司

定價 390 元

ISBN 978-626-420-060-8

Published by Morning Star Publishing Inc.
Printed in Taiwan